マヤ文字を書いてみよう読んでみよう

八杉佳穂

白水社

手書き文字　八杉佳穂
装丁　古屋真樹（志岐デザイン事務所）

まえがき

　熱帯ジャングルの中にそびえ立つ数々のピラミッド，美しい土器や彫刻物など，マヤ文明は，魅惑的な数々の遺産を我々に残してくれました．なかでも複雑きわまりない形をした文字は，芸術品といっていいほど洗練されています．それが歴史を，神話を，儀礼を，天文現象を，書き残すために作り出されたなんて，誰が想像したでしょう．

　マヤ文字は，おもに3世紀から10世紀に用いられました．しかし紀元前後からしるされ始め，16世紀にスペイン人に征服されたのちも，マヤ文字の知識は断片的ながらも伝えられていたのですから，1500年以上の歴史をもつ文字体系です．

　19世紀の後半から，マヤ遺跡の調査が進み出し，石碑や祭壇などがたくさん発見されて，それらに刻まれているマヤ文字が写真や手書きによって記録されてきました．同時に解読も試みられ始め，1世紀以上にわたる解読作業で多くのことがわかるようになりました．

　この本では，その成果を利用しながら，マヤ文字に親しんでいけるように，自分の名前や地名などを書いてもらうことにしています．そのため，これまで認められてきた音節文字を表の形にしてあげました．しかし，マヤ文字はまだ解読途中の文字ですので，表の中には，まちがいやまだ認めがたいものが確かにあります．また日本語とマヤ語のことばが異なるため，無理をしてマヤの音節文字を日本語に当てはめたものもあります．

　マヤ文字の解読は，日々新しい読み方が提案されているといってもよい活発な状況になっています．文字の作り方は，部品を組み合わせる漢字とよく似ていますので，その原理さえわかっていただければ，

3

改めなければならないときでも，簡単に対応できるはずです．あくまでも現在提案されている読み方を利用しているに過ぎないことを承知して，美しいマヤ文字に親しんでいただければ幸いです．

　この書は編集者である岩堀雅己氏との共同作業によって生まれたといっても過言ではありません．解読途中であるため，このような本を出すのは時期尚早ではないかと何度も思い，原稿が予定以上に遅れたにもかかわらず，辛抱強く待って，たえず励ましてくださいました氏にお礼申し上げます．

八杉佳穂

目　次

はじめに——古代マヤ文明の歴史と文字

　マヤ文明は，メキシコのユカタン半島とグアテマラ北部とベリーズの低地帯を中心に，ホンジュラスとエル・サルバドルの西部を含む土地で発展した文明です．マヤ文明圏に含まれるグアテマラ高地やさらに南の太平洋沿岸は，マヤ文明にとっては周辺地域ですが，マヤ文明の形成に多大な影響を与え，またスペインに征服される直前にはたくさんのマヤ王国が栄えていました．

　マヤ文明の展開した低地は，北部と南部に分けることができます．高地の麓は，年間降雨量が4000ミリほどあり，樹木の鬱蒼と生い茂るジャングル地帯です．しかし，北に行くほど降雨量が減っていき，北のユカタンでは500ミリ足らずとなり，灌木地帯にかわります．マヤ文明の中心といわれ，現在国立公園となっているティカル一帯やベリーズ南部は，ジャングルが残っているものの，かつてはジャングルだったはずの低地南部の大部分は，最近は開発が進み，木々が伐採され，牧草地や農地にかわってしまっています．

　低地といっても平野ではなく，ベリーズにあるマヤ山地は標高1000メートルを超し，ウスマシンタ川流域では標高800メートルになるところもあり，全体では200メートルほどの高低差のある起伏に富んだところです．古代マヤ人は，高台の水はけのよいところを選んで，ピラミッドや宮殿などの建物や広場を石で造り，それらをつなぐ道路，水路や灌漑設備などを持つ都市を発達させていきました．また美しい土器や工芸品をつくり，複雑な文字や精密な暦を使い，自らの歴史を書き残しました．マヤ文明が栄えた地とその周辺は，生態環境や鉱物資源が異なっており，環境の違いが交易を刺激し，文明の発展を促進したと考えられます．もちろん文明の発展には，のちに少し触れますサポテカやテオティワカンなどの西の高文明地域からの影響も無視できません．

　マヤ文明がもっとも発達した時期を古典期といいます．それは西暦で250年から

900年にあたります．それ以前を前古典期または形成期といい，それ以後を後古典期といって区別します．（19ページ参照）

中米では，1万年以上前から人が住み始めました．この人たちは我々と同じモンゴロイドですが，ベーリング海が氷結した時代に旧大陸から新大陸に渡って以後，ふたたび海面が上昇して両者は断絶しましたので，人種的には同じでも，文化的にはまったく異なったものが形成されていきました．狩猟採集生活ののち，主食となるトウモロコシやマメ，トマト，カボチャ，トウガラシなどが長い間かけて栽培化され，徐々に定住化していく紀元前2000年までを古期といいます．

マヤ文明が展開した土地をふくむ中米の中心部は，メソアメリカと名づけられています．マヤやアステカ，オルメカなどの文明が栄えたところです．形成期中期の紀元前1200年頃湾岸低地帯で展開し始めたオルメカ文明は，メソアメリカでもっとも古い文明で，メソアメリカの母なる文明とも称されています．メソアメリカでは，マヤの西が先進地域でした．

マヤ地域では紀元前1100年頃に土器を持った定住生活がクエリョを中心にベリーズ北部で始まりました．紀元前900年頃には，アルタル・デ・サクリフィシオスやセイバルなどの内陸の川沿いでも土器を用いた定住生活がみられるようになります．紀元前600年頃から社会が複雑化してきて，20メートルほどの高さの階段状の基壇が建設されるようになりました．基壇の上には石造り，または木造の建物が建てられました．

紀元前400年から紀元後250年は形成期後期といわれる時代です．70メートルほどの高さをもつ大建築が建てられ，より一層階層化した社会が生まれました．人口が増大し，図像が洗練化し，土器様式に共通化がみられるようになり，最盛期の古典期とほとんどかわらない規模になります．古典期との違いは，文字がまだ発達していなかったことです．ミラドールやナクムなどの巨大な都市がグアテマラのエル・ペテン州北部で栄えますが，しかし250年頃までに衰退してしまいました．

メソアメリカでは，紀元前600年頃，メキシコ高原の南に位置するオアハカ盆地で

メキシコ湾

ユカタン半島

メキシコ

ベリーズ

ウスマシンタ川

ヤシュハ湖
ペテン湖

グアテマラ

ホンジュラス

太平洋

エルサルバドル

現在の地図（マヤ地域）

栄え始めたサポテカ文明が文字を生み出しました．260日暦と365日暦という循環暦，地名や人名が文字として記されるようになりました．260日暦とは20の日と13の数字が組み合わさってできる260日が1周期の暦です．一方365日暦は，20日からなる月が18に，5日の余分な日がついてできる365日が1周期の暦です．とぎれることなく繰り返されるこの2つの暦は，のちにメソアメリカのすべてに行き渡り，現在でも一部の地域で保持されています．

　そして西暦が始まる少し前には，西暦と同じように，ある日を起点にして数える絶対暦ともいっていい長期暦といわれるものが生まれました．その場所は，マヤの西のテワンテペック地峡で，現在知られているもっとも古い日付は紀元前36年です．

　紀元前後に，マヤのすぐ西の太平洋岸一帯で栄えた文明を，イサパ文明といいます．イサパ文明は文字を持ちませんでしたが，彫刻石碑をたくさん残しています．そしてその図像はマヤに影響を与えました．その東の太平洋沿岸地帯からグアテマラ高地にかけて栄えたアバフ・タカリックやエル・バウル，カミナルフユなどでは，文字が用いられ，長期暦も記されました．

　ことばを形ある文字にするということは決して簡単なことではありません．マヤの西で生まれた文字にマヤ文字との直接的な関係をたどることはできませんが，おそらくマヤ人は，この先進地域の文字を見習って，自分たちの言語にあった文字を作り始めたに違いありません．この時期の原初的な文字を欧米の博物館や現地で見ることができます．それらは出土地不明の小石やペテンのサン・ディエゴの岩壁などです．さらに南東のエル・サルバドルあたりからも新しい土器が流入し，マヤ地域で変化が起こったようです．古典期の始まりです．

　古典期（3世紀〜10世紀）は，マヤ文明の絶頂期です．古典期は前期と後期に分けられます．古典期前期は，形成期からの建築伝統や先祖崇拝などを踏襲しています．この時期に文字が使われ始めます．つまり歴史を記し始めたのです．暦が発達していたおかげで，文字が主に用いられたのは，西暦292年から909年という期間であったことがわかります．マヤ文字は石碑やリンテル（建物の入り口上の横木や石），

マヤパン
チチェン・イツァ

プウク

チェネス

低地北部

リオ・ベック

北西部

ピエドラス・
ネグラス
パレンケ

ティカル
ナランホ

ヤシュチラン
ボナンパック

低地南部

セイバル

南西部
アルタル・デ・
サクリフィシオス

高地
南東部

イサパ
アバフ・
タカリック
カミナルフユ

キリグア

コパン

エル・バウル
太平洋沿岸

太平洋

当時の地図（マヤ地域）

骨などに刻まれたり，壁面や土器などに描かれました．最初は，ペテン低地ジャングル地帯にある大都市ティカルを中心に使われただけでしたが，400年をすぎると，コパンやヤシュチランなどの周辺の都市に広がり始めます．

　古典期前期の中頃には，メキシコの大都市であったテオティワカンとの関係が密になり，テオティワカン式の建築や土器，図像などが豊富にみられるようになります．高度に発達していたメキシコ高原との関係は，まだ不明のところがたくさんありますが，最近の研究では，テオティワカンから来た人がティカルを支配したとみられるようになってきました．それによって，ティカルは活発化して，コパンやキリグアにまで影響を及ぼすようになり，マヤ文明がいちだんと発展していくきっかけになったようです．

　7世紀にはいると，知的，宗教的，政治的，人口的にも，マヤ文明は絶頂期をむかえます．この時期を古典期後期といいます．王族が勢力を拡大し，エリート層が増えていったのでしょう．宮殿様式の建築物が増えてきます．石碑に刻まれる人物はより洗練されていき，多色土器には，当時の華やかな宮殿の生活や神話の一端がうかがえる美しい場面が描かれるようになりました．文字もより洗練されてきます．暦の統一がはかられ，マヤ地域全域で，文化的な統一が一層行き渡ったようです．しかし一つの王朝のもとに統一されたのではありません．たくさんの政体が存在し，婚姻関係を結んだり同盟したり，戦争したりしていました．たとえば，ティカルとカラクムルの争いやコパンとキリグアの争い，ヤシュチランの女性のボナンパックへの嫁入りなどが文字の解読からわかっています．文字の解読のおかげで，そうした都市やその周辺を支配した王朝の歴史がほぼわかるようになりました．また神々や儀式のこともわかるようになってきました．

　ところが800年を過ぎると，石碑を刻まなくなる都市が増えてきます．そして都市そのものも放棄されていきます．古典期文明は9世紀から10世紀にかけて崩壊しました．その原因は，戦争，異民族の侵入，人口過剰，生態系の変化など，たくさんあげられていますが，いまだに謎です．

主に低地南部のジャングル地帯で栄えていた古典期文明の衰退後は，北のユカタンに舞台は移ります．後古典期の始まりです．北部でも形成期から人の活動のあとがあり，古典期後期には，チェネス，リオベック，プウクといった特徴ある建築様式をもった都市が栄えました．しかし文字に限っていうと，確かに文字は使われたのですが，南部のようには発展しませんでした．

北部が重要になるのは，南部の文明が崩壊してのちの900年以後です．それから1200年頃までチチェンイツァ，その後はマヤパンが支配しました．1441年にマヤパンも放棄され，スペイン人がやって来たときには16の小さな政体にわかれていました．後古典期は，グアテマラ高地でも，いくつかの有力な政体が形成され，スペイン人が来たときは，キチェやカクチケルなどの王国が栄えていました．これらの子孫は現在でも同じ場所で生活を営んでいます．

後古典期には，文字はほとんど使われることがなくなったようで，考古遺物としての資料はほとんどありません．しかし13〜15世紀に書かれたと推定されている絵文書が現在4つ残っています．これらは古典期の絵文書のコピーといわれていますが，写された後古典期当時の文化やことばを多くの点で反映しています．

16世紀の中頃，スペインからユカタンに布教にやってきたディエゴ・デ・ランダ神父が『ユカタン事物記』という優れた民族誌を書きました．その写本が1863年に発見され，翌年出版されました．その本の中には，暦の文字やのちに「ランダのアルファベット」と呼ばれるようになった文字があり，それらを手がかりに，解読が進み始めました．

最初は碑文にたくさん刻まれていた暦の文字と，絵文書に書かれていた文字の解読に集中しました．数字や暦の文字が解読され，数々の神，色や方角の文字が同定されました．

マヤ文字は音を表わすだけの表音文字と意味も表わす表意文字の混合体系ですが，マヤ文字は表音文字か表意文字かという論争は，文字の解読が始まった当初から問題にされてきました．「ランダのアルファベット」をもとに，何度か表音文字の存在

が仮定されましたが，その都度否定されました．1950年代からおもに絵文書の解読を試み始めたロシアのユーリ・クノロゾフが「ランダのアルファベット」は仮名と同じような音節文字であることを発見して，それは60年代に入って認められるようになりました．70年代に入り，音節文字は碑文にも用いられていることが確かとなり，現在ではたくさんの音節文字が見つかっています．意味を持つ表意文字といっても，ふつう文字は意味だけを表わすことはあり得ず，音も意味も両方持っており，語を表わすので，表語文字といわれるようになってきましたが，それらもたくさんあることがわかっています．つまり，日本語と同じような表音表意混合体系とみられます．

　また，1960年から始まった碑文の歴史的解釈により，王がいつ生まれ，即位し，結婚し，死んだかなど，おもに王朝の歴史が解き明かされてきています．さらに各都市のマークともいえる紋章文字を手掛かりに，都市間の関係もはっきりしてきました．碑文ばかりか，絵文書や土器の文字も研究が進んでいます．絵文書は260日暦をもとにした占いや，金星や月食などについて書いてあります．土器は，土器の形状（壺や皿）や入れられた物（カカオやトウモロコシの粥など）や土器の所有者を表わしているとみられるほぼ決まりきった文が口縁部に描かれ，場面の説明や守護動物を記した文などが添えられることがあります．土器の文字もいろいろ解読が試みられていますが，まだ十分に解明されていません．

　マヤ文字はマヤのことばで書かれています．文字の解読には言語の資料が不可欠です．幸い，マヤのことばを話す人が，マヤ文明の展開した同じ地に現在も800万人ほど住んでいます．しかしマヤのことばはひとつではなく，30ほどの異なる言語からなります．これらのうちいくつかは，16世紀以降アルファベットで記述されてきました．そしてこの数年マヤ人の言語学者が増えたおかげもあり，それぞれの言語の資料はどんどん増えています．ところがそれらは，マヤ文字の時代からみると，600年から1700年あまりのちの資料です．それらとマヤ文字の資料を比べながら解読しなければなりませんので，いろいろ問題があります．しかし，少なくともマヤ文字

の言語は, 数あるマヤのことばのなかでも低地マヤ諸語に近かったことは確かです. それは, たとえば, 数字の文字の形成法や高地マヤ諸語にしかない喉の奥で発音するqとq'の音が文字として表わされていないといったところから証明できます. しかし低地マヤ諸語のどの言語に近いかについては, いまだに確定していません. 最近はチョル語群に近いという説やチョル語群とユカテコ語群の方言があったといった説が有力になっています.

　マヤ文字は解読途中の文字ですので, いろいろな説が入り乱れています. たくさんの文字が読まれているように思われますが, 確たる解読, すなわち意味がわかって読める文字はまだ少ない状態です. 本書であげていく文字の読みも確たる証拠がないまま, 学会で流通しているものがたくさんあります. そのため, マヤ文字で名前や地名などを書いてもらうために, 表音文字をたくさんあげていますが, その多くが暫定的な読みであり, 改められる可能性があることを承知しておいてください.

キリグアの石碑A（西面）

15

マヤ語族の分類 （右の数字は話者人口）

A. ワステコ語派

   1. ワステコ Huasteco   150,257

   2. *チコムセルテコ *Chicomucelteco   #35

B. 北低地語派

   1. ユカテコ語群

      a. ユカテコ Yucateco   800,291

      b. ラカンドン Lacandon   40

      c. イツァ Itzaj   1,835

      d. モパン Mopan   13,460

C. 南低地語派

   1. チョル語群

      a. チョル Chol   161,766

      b. チョンタル Chontal   38,561

      c. チョルティ Ch'orti'   76,782

      d. *チョルティ *Cholti   0

   2. ツェルタル語群

      a. ツォツィル Tzotzil   297,561

      b. ツェルタル Tzeltal   284,826

      c. トホラバル Tojolabal(Chaneabal)   37,986

D. 西高地語派

   1. カンホバル語群

      a. チュフ Chuj   87,489

      b. ポプティ Popti'(Jakalteko)   86,266

      カンホバル Q'anjob'al   211,687

      アカテコ Akateko   40,991

c. モチョ Mocho(Motocintleco)		174
トゥサンテコ Tuzanteco		300?
2. マム語群		
a. テクティテコ Tektiteko(Teko)		4,895
マム Mam		1,126,959
b. アワカテコ Awakateko		35,485
3. イシル Ixil		134,599
E. 東高地語派		
1. ケクチ Q'eqchi'		732,340
2. ポコム語群		
a. ポコムチ Poqomchi'		266,750
b. ポコマム Poqomam		130,928
3. キチェ語群		
a. ウスパンテコ Uspanteko		122,025
b. キチェ K'iche'		1,896,007
カクチケル Kaqchikel		1,032,128
ツトゥヒル Tz'utujil		160,907
サカプルテコ Sakapulteko		43,439
シパカペンセ Sipakapense		6,118

　グアテマラでは1987年に正書法が法律で定められ，言語名の綴り字も改められました．メキシコの言語名は従来の綴り字を尊重しています．

　＊は消滅した言語です．チコムセルテコ語は消滅しましたが，チコムセルテコと自称する人がいて，その数をあげました．メキシコのマヤ諸語の人口は2000年の国勢調査によります．5歳以上の数です．グアテマラのマヤ諸語の人口は，Análisis de situación de la educación maya en Guatemala (Cholsamaj:1996) p.55 の推計値を採用しました．

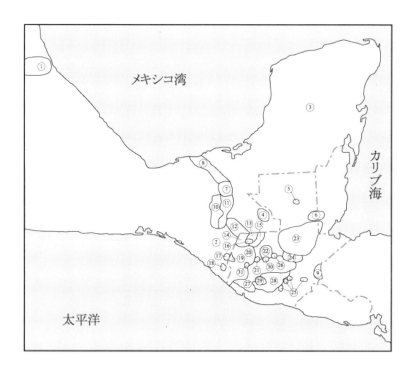

メキシコ湾

カリブ海

太平洋

言語地図（マヤ地域）

1	ワステコ	12	トホラバル	23	ケクチ
2	チコムセルテコ	13	チュフ	24	ポコムチ
3	ユカテコ	14	ポプティ	25	ポコマム
4	ラカンドン	15	カンホバル	26	ウスパンテコ
5	イツァ	16	アカテコ	27	キチェ
6	モパン	17	モチョ	28	カクチケル
7	チョル	18	トゥサンテコ	29	ツトゥヒル
8	チョンタル	19	テクティテコ	30	サカプルテコ
9	チョルティ	20	マム	31	シパカペンセ
10	ツォツィル	21	アワカテコ		
11	ツェルタル	22	イシル		

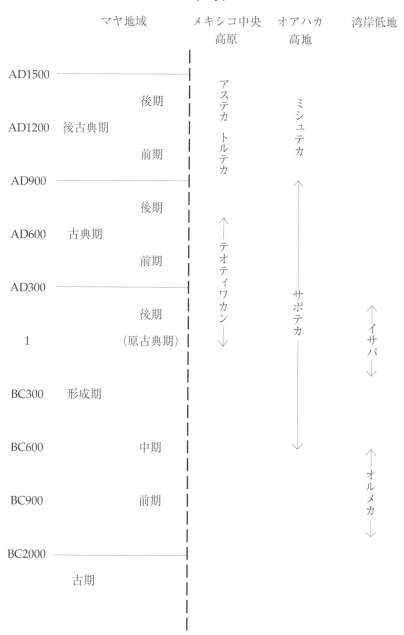

年　表

	マヤ地域	メキシコ中央 高原	オアハカ 高地	湾岸低地
AD1500		アステカ	ミシュテカ	
	後期	トルテカ		
AD1200	後古典期			
	前期			
AD900			↑	
	後期	↑		
AD600	古典期	テオティワカン	サポテカ	
	前期			
AD300		↓		↑
	後期			イサパ
1	（原古典期）			↓
BC300	形成期			
BC600	中期		↓	↑
BC900	前期			オルメカ
BC2000				↓
	古期			

コパン遺跡「石碑A」

1章　マヤ文字を書いてみよう

1　マヤ文字の特徴

　マヤ文字は，ご覧の通り，意味を持った文字とは思えないほど，絵画的です．それも芸術作品を見ているような美しさです．しかしよく見ると，左横を向いた顔や幾何的な形が組み合わさってマスの中に収まっています．何かそこには規則があって，絵ではなく文字であるということを思わせるに十分なほど，それぞれが整然と枠内に収まって並んでいることがわかります．

ピエドラス・ネグラスの石碑3号（裏面）
John Montgomery 画

【テキストの書き方】

　文字は左上端から書き始めます．2行を対にして，左右左右と上から下に書いていきます．実際の例を挙げてみましょう．左ページの図はピエドラス・ネグラスの石碑3号の裏面です．A1，B1，A2，B2，A3，B3，A4，B4と読んでいき，B7までくると，その下には1行しかないので，A8，A9，A10となり，次の2行に移ります．C1，D1，C2，D2……と読んでいきます．EFも2行対で読みますが，最後の3文字は1行しかないので，F8，F9，F10と読みます．

　縦一行，横一列だけで表わすこともありますが，縦一行で書く場合は，上から下に，横一列の場合は，左から右に書いていきます．人物や動物の顔を描いた文字は，左向きです．右から左に書く場合はほとんどありませんが，その場合は，文字が左右逆になります．ヤシュチランのリンテル25，26号のテキストの一部の読み方を図示しましょう．数字の番号順に読んでいきます．

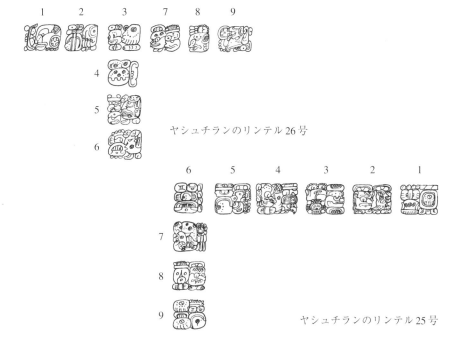

ヤシュチランのリンテル26号

ヤシュチランのリンテル25号

23

【文字の構成】

　マヤ文字は，角が丸みを帯びた四角な文字マスに，大きさの違ういくつかの文字（要素）を組み合わせて書きます．

　組み合わせは自由ですが，ふつう，左上から右下の順に読むのが原則なので，その順にあわせて書くのがよいでしょう．とはいっても，絵のような文字で，バランスをとるのが難しいので，左から順に書くことは難しいと思います．中心になる文字を先に書き，それに付け加えるように書くとうまくいくかもしれません．

　左と上の文字，右と下の文字は交替可能です．そのため，左に書く代わりに上に置いたり，右に置かずに下に書いたりして，バランスをうまくとるようにしてみてください．マヤ文字は手書きの文字と同じで，それぞれの要素が完全に同じではありません．それぞれの文字に必要な特徴をとらえてください．

上の要素を左に移した例

下の要素を右に移した例

【マヤ文字の種類】

　漢字で木という文字は，それ自身で一つの文字であるとともに，たとえば，松や林のように，文字の一部としても機能しています．木をこれ以上分解すると，意味をなさなくなります．このような文字を構成する最小単位を文字素とよぶことにします．マヤ文字で文字素の種類はだいたい700くらいですが，一定の時期をとりますと，平均で250から300が使われ，400を超えることはほとんどありませんでした．

　マヤ文字は，650年頃から750年頃までにほとんど発展を終え，以後重大な革新はなくなります．文字素は単独の場合もありますが，ふつう組み合わさって一つの文字を構成し，文字マスにおさまります．全体の量はまだ確定していませんが，3万から5万文字になります．

　マヤ文字は，漢字仮名交じりである日本語の書記法とよく似ています．漢字にあたる文字（表語文字）と仮名にあたる文字（表音文字）の両方が使われます．漢字が仮名で書き換えられるように，表語文字も表音文字で書き換えることができます．またふりがなや送りがなに当たる文字もあります．

【字体】

　マヤ文字には，頭字体と幾何体と呼ばれる2つの異なる字体があります．さらに全身体といって動物や神々を全身像で書く複雑な文字をもつ場合もありますが，これは主に暦の文字に使われ，その他の文字に使われることはまれです．これらはいずれも同価で，交替可能です．

|幾何体|頭字体|幾何体|頭字体|

25

幾何体と頭字体の関係は不明なものが多いのですが，幾何体の左側を横顔にかえただけのものや，幾何体の要素を頭字体に取り込んだものもあります.650年頃より，同じ書き方を避けて，違った文字を用いて，テキストに変化をもたせる傾向が強くなってきます．ちょうど修辞法で同じ表現を避けるのと同じようなものです．

　まったく新しい頭字体を作ることは難しいのですが，幾何体をちょっとかえて顔の形にすることなら我々にもできそうです．異なる字体を工夫して作って書くことで，一層楽しくマヤ文字を書くことができるのではないでしょうか．

【書体】

　石碑や祭壇，リンテル（入り口上の横木や石）など，石や木，骨に彫られた文字と，壁画や土器，絵文書に描かれた文字は，大変違った印象を受けます．一方は石ノミで彫ったものであるのに対し，他方は筆またはペンで書いたものであり，筆記用具や書材の違いに由来します．しかしこれはちょうど楷書と草書の書体の違いに近いもので，若干絵文書では簡略化されていますが，同じマヤ文字です．

キリグア遺跡石碑D（東面）とドレスデン絵文書（下の写真）

2 音節文字

16世紀中葉にスペインからユカタン半島に布教にやってきたランダ神父がユカタンのマヤ人の歴史や風習を『ユカタン事物記』にまとめました．その中に通称「ランダのアルファベット」といわれている文字があります．

「ランダのアルファベット」

27

ランダが残した文字はアルファベットと称されていますが，実はaやbなどを表わす単体文字ではなく，音節を表わす文字（子音と母音の結合したsaやtaなど）で，仮名と同じです．そのため五十音図と同じようなものができます．しかし，マヤ語には20の子音と5つの母音がありますので，組み合わせると，五十音ではなく，百音図ができます（最近の入門書には，hの音を摩擦のないフ[h]と摩擦音のフ[j]に区別するものがあり，その場合は105音図となります）．

　仮名にいろいろ異なる形の変体仮名があるように，マヤ文字にも，同じ音を表わしながら形が異なる文字がいくつもあります．

　これまでの研究で，百音図はだいぶ埋まってきましたが，読みが確定したものはまだ少なく，将来改められるべきものがたくさんあります．また空白の部分を埋める作業が現在も続いていますので，30 - 31ページに挙げた表はあくまで暫定的なものと考えてください．細かく検討していくと問題が多いのですが，これまで認めてこられたものを集めたこの表も利用してみましょう．

　また日本語では，清音（か，さ，た，は，など）と濁音（が，ざ，だ，ば，など）の区別がありますが，マヤ語では，清音と声門閉鎖音の区別をします．声門閉鎖音とは，閉鎖音を発音するときに，声門を同時に閉鎖して一気に放出する音です．のど仏のところに手を当てて，ア，ア，アと切っていってみてください．のど仏のところが上下に動くのがわかります．声門が開いては閉じているからです．その声門の閉鎖とp/t/kなどの子音の閉鎖を同時に行なう澄んだ激しい音で，日本語の濁音とはまったく異なる音です．声門閉鎖音は，p'/t'/tz'/ch'/k'とアポストロフィーをつけて表わします．唇音のpのところだけp'のほかに，濁音のbがあります．

　では百音図の文字を書いてみることにしましょう．まず最初に百音図全体の表を挙げておきます．それぞれの音にはかたちの異なる文字がいくつかありますので，それぞれ代表的なものを中心に32ページからみていきましょう．四角い枠の中に入っている文字は，薄くしてありますので，なぞってみてください．

文字は絵に近いためか，書き順は決まっていません．書きやすいところから書いてけっこうです．書く道具は，石や骨に彫る場合は石ノミですが，書く場合は，図に見られますように，筆またはペンのような堅いものでした．我々にとって書きやすい筆記道具は，ドローイングペンとよばれている製図用の水性ペンです．

筆をもつ人

百音図

	a	e	i	o	u
b					
ch					
ch'					
h					
k					
k'					
l					
m					

	a	e	i	o	u
n					
p					
p'					
s					
t					
t'					
tz					
tz'					
w					
x					
y					

a を表わすもの

左の３つは，ランダのアルファベットのaの碑文に
みられる形です．最初の文字は ak「亀」を利用した
ものです．一番右は ah（男性の名前の前につくもの
で，英語の Mr. にあたる）から生まれた a です．

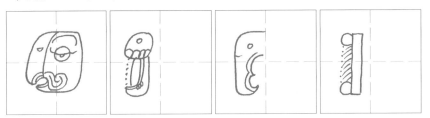

e を表わすもの

左の文字はランダのアルファベットにみられる
文字です．それと自由に交替する文字が右のカエ
ルを表わす文字です．

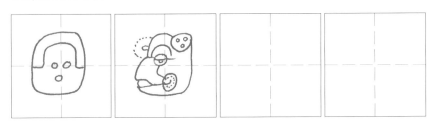

i を表わすもの

左の文字はランダのアルファベットのiの碑文形
です．右の文字はコンドルが人の目をくちばしで
つかんでいる文字です．

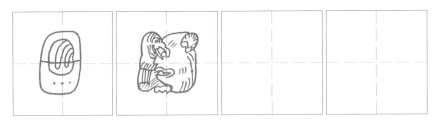

o を表わすもの

一番左の文字はランダのアルファベットにみられる文字です.中央と右の文字はそれと自由に交替する文字です.動物の額と耳のところにオ(o)を表わす文字がつけられています.

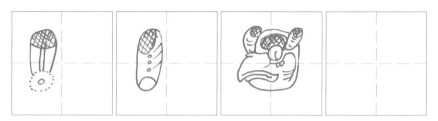

u を表わすもの

おもに3人称所有形のu「その,彼の」を表わす文字に使われるところから,よく出てくる文字です.そのためたくさん違った形(異形)があります.一番左はランダのアルファベットにあるuの碑文形です.

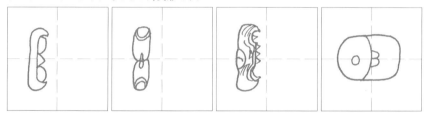

ba を表わすもの

一番左の文字は260日暦のイミシュの文字と同じですが,bakab「首長」を表わす文字に使われていたところから,baと読まれることが判明しました.中央は左の文字と自由に交替するので,ba「モグラ」を表わす文字と見られます.一番右はkab「蜂蜜」のb(a)を表わすために用いられていたので,これもbaと読まれています.

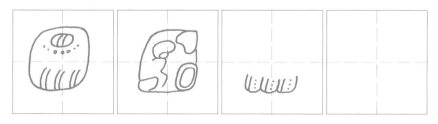

be / bi を表わすもの

　左の足の裏を表わす文字はランダのアルファベットの b にあたり，be「道」を表わしたと思われます．右の文字(bi)もランダの b をヒントに，数詞のあとにこの文字が現われるところから，助数詞の bix を表わしていると考えられています．

be

bi

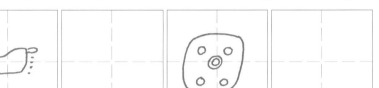

bo / bu を表わすもの

　左の bo は最近提案された読みです．右の bu は mu とよく似ているので注意してください．

bo

bu

 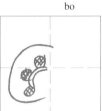 

cha / che を表わすもの

　左と中央の cha は chak という雨神の文字から提案された読みです．右の che はランダのアルファベットに記されている文字です．

cha

cha

che

chi / chu を表わすもの

手はいろいろな意味に使われます．親指と人差し指を合わせた左の文字は，西(chik'in)の文字の構成素のchiを表わす文字として使われてます．右のchuは「捕えられた(chukah)」を音節文字で示した文字に使われていたところから得られた音価です．

chi   chu

ch'a / ch'o を表わすもの

一番左のch'a［チャの声門化音］はch'ah「液体をたらす」から提案された文字（t'aの可能性も）．中央のch'o［チョの声門化音］はネズミ(ch'o)を表わす文字．一番右の目のような文字はそれと自由に交替するところからch'oと読まれています．

ch'a   ch'o   ch'o

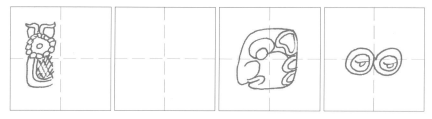

ha / he を表わすもの

一番左のhaはランダのアルファベットから得られた音価です．中央の文字はそれを半分にした文字ですが，半分にしても同じです．一番右は谷(hem)を表わすとみられた文字に使われていたため，heと読んでいます．

ha   ha   he

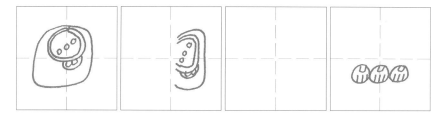

hi を表わすもの

　動物の足のような一番左の文字は，動詞の接尾辞を表わすと考えて提案された音です．中央はその頭字体と考えてください．一番右はこれらと自由に交替するところから hi と読まれています．

ho を表わすもの

　穴をあけて火をおこす場面で使われる文字です．hoch' という語の ho を表わすと主張されましたが，その語は「穴をあける」という意味で，火をおこすために穴をあけるという意味はありません．火をおこすのは hax といって別の語です．

hu を表わすもの

　左はカエルが上を向いた文字と思われますが，イグアナ(huh)とみて，hu と読んでいます．それと交替するのが右の文字です．

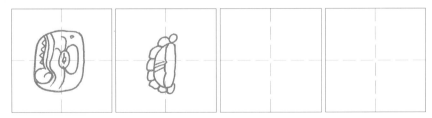

36

ka を表わすもの

一番左は櫛のような文字で，マヤ以前のミヘ・ソケ文字にすでに使われていました．中央は魚(kay)です．頭字体と考えられるのが一番右の文字です．

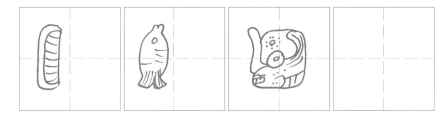

ke / ki を表わすもの

左は親指を下に人差し指等を上にして少し曲げた文字です．生起例が少なく，確証が得られていません．右の文字はobとかal, kiなどの読みが提案されてきましたが，現在はkiと読む意見が大勢を占めています．この文字の下側が主字につくように書いてください．

ke   ki

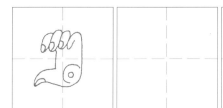 

ko / ku を表わすもの

左のラグビーボールのような形をしているkoはよく使われる文字です．右は260日暦のカワックという日の文字ですが，kuという音節文字として用いられています．トゥンとかハアブなどの意味も持つ代表的な多価の文字です．

ko   ku

37

k'a を表わすもの

カの声門化音. ランダのアルファベットの k にあたる
文字です. 手の中に櫛の文様があるのが特徴です. 羽根
の形の文字は k'a と読まれたり, ch'a と読まれています.

k'o / k'u を表わすもの

手が下を向き人差し指を曲げた一番左の文字は k'o
[コの声門化音] と読まれていますが, 確証が得られ
ていません. 中央の k'u [クの声門化音] はランダの
アルファベットにある文字です. 上側の要素だけでも
文字として使われます.

k'o   k'u   k'u

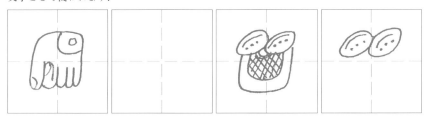

la を表わすもの

左は 260 日暦のアハウという日の文字を逆さにした文字です.
まれに逆さにしなくても la と読む場合があります. 右の2つの逆
さアハウを小さくして真ん中に3つの点を描いた文字も同じで
す. スペースの空き具合でどちらかを使ってください.

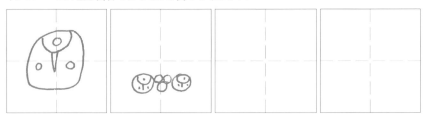

le / li を表わすもの

一番左のleも中央と一番右のliも語尾を表わすためによく用いられる文字です.

le　　　　　li　　　　　li

 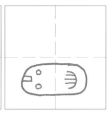

lo / lu を表わすもの

左のloはuを縦にしたものです. 月モル(mol)の外側の数珠状の要素を取り除いた中の文字と同じであるところから, mo-loのloを表わすとされました. 右のluはランダのアルファベットのLからluと推定され, 犬 (tzul) を音節表記した文字に使われていたことからluと読まれるようになりました.

lo　　　　　lu

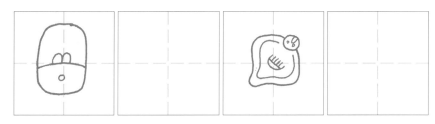

ma を表わすもの

左のmaはマヤ文字以前にすでに存在していた文字です. 右の文字は260日暦のイミシュとアハウの文字が融合してできた文字です.

mi / mo を表わすもの

左の零を表わす文字を mi と読んでいます. 右の mo はオオム(mo')を表わすために使われていたので, mo と読みます.

mi   mo

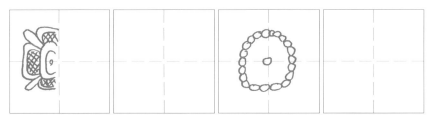

mu を表わすもの

左の mu は bu とよく似ていますので, 注意してください. 右側にカエルのような文字がついても同じです.

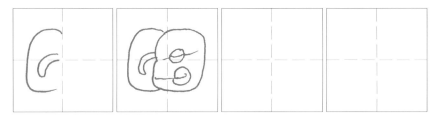

na を表わすもの

na を表わす文字にはいくつか違う形があります. 一番左はマヤ文字以前からある文字を借用したと考えられます. 一番右の女性の文字も na を表わすので, おそらく母(na)を表わしているのでしょう.

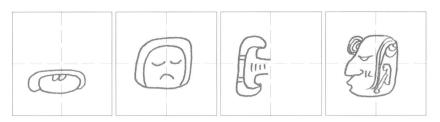

ne を表わすもの

シッポ(ne)を表わしています. ランダの文字から
同定されました.

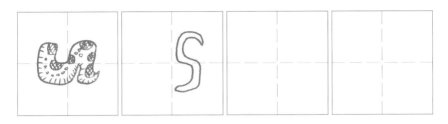

ni / no を表わすもの

左のniの文字はwiと似ていますので注意してください. 左
下のところに主字がつきます. 右の文字はchoと読まれてい
る文字ですが, この本ではnoと読むことにします. choとい
う読みのもとになったchohは頬を指し, あご骨ではありませ
ん. あご骨はnochと言うところからnoとします.

ni   no

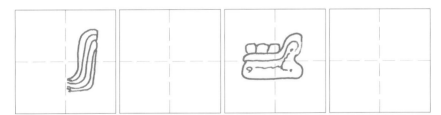

nu を表わすもの

左の2つは蜂鳥(tz'unun)を表わす文字に使われている
ところからnuと読みます. 右の2つはこれらと交替す
るところから同じ音価を持つとわかりました.

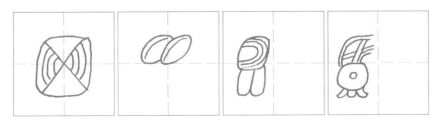

pa を表わすもの

ランダが記したパシュ月の文字には振り仮名のような
ものがついていました. pa を表わすためにつけられたと
思われるところから pa と読まれるようになりました. 右
はその頭字体です.

pi / po を表わすもの

一番左は球技(pitz)を表わす文字に使われていたところか
ら pi と読まれました. 中央はバクトゥンという期間の文字
ですが, 同価と考えられています. 一番右はランダがあげ
たポープ月の振り仮名として用いられていました. pom と
いう香を表わしているのでしょう.

pi   pi   po

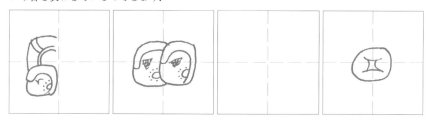

pu / p'e を表わすもの

左の文字は puh「葦」とみなされて, pu と読まれました
が, 生起例が少なく確かではありません. 右はペの声門化
音で, ランダのアルファベットにあげられていた文字です.

pu   p'e

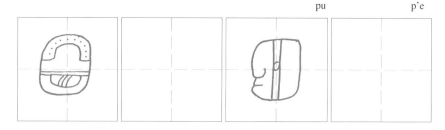

sa / se を表わすもの

　左はka を表わす櫛の文字とよく似ていますが, 棒と点があるところに特徴があります. 中央はサック月の文字の異体の一部に用いられていましたので, sa という音を示すものと考えられます. 下側に主字がつきます. 右はセック月の一部を構成するので, se を表わすものと考えられています.

sa　　　　sa　　　　se

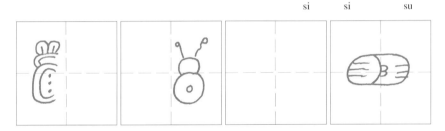

si / su を表わすもの

　左の文字は右側の線のないところに主字がつきます. 中央は絵文書の形です. 右はソッツ(sotz'/sutz')月の音節表記に使われたところから, su と読まれるようになりました.

si　　　　si　　　　su

ta を表わすもの

　ta の音節文字はたくさんあります. 左の何かを束ねた文字は, 場所を表わす前置詞ta とみられた文字です. 右の文字は, それと交替する文字として同定されました.

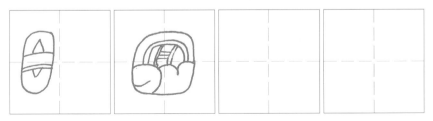

te / ti を表わすもの

　左は木 (te) を表わす文字と思われます. 助数詞の te とし
ても使われているところから確かな読みです. 右は前置詞
の ti を表わす文字として知られています.

te　　　　　　　ti

to / tu を表わすもの

　左の 2 つは焼く(tok)を表わす文字と考えられています.
中央の文字の下の要素はあってもなくても同じです. 右は
前置詞的な使われ方から前置詞 ti に 3 人称所有詞の u がつ
いてできた tu を表わす文字です.

to　　　　　　to　　　　　　tu

t'e / t'u を表わすもの

　左はランダのアルファベットの t の文字から想定された
読み [テの声門化音] で, te' とする意見もあります. 右は
イミシュの文字にカワックの文字が入り込んだ文字です.
トゥの声門化音.

t'e　　　　　　　t'u

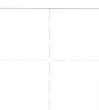

44

tza [ツァ] を表わすもの

　tzak「悪霊を祓う」儀式を表わす文字の音節表記に用いられていたところから提案されました. 上部にmaの文字が見られますが, 文字の読みに関係ないとみられています.

tzi [ツィ] ／tzo [ツォ] を表わすもの

　左の文字は260日暦のカンの日を表わす文字に点の文様が入っているのが特徴です. tziと読むのは, 球技(pitz)を表わす文字などの表記に使われていたからです. 右の文字は暦の導入文字に使われているところから tzol「順序立てる」を表わすとみられています.

tzi　　　　tzo

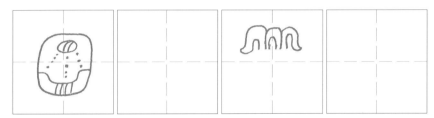

tzu [ツ] を表わすもの

　ロシアのクノロゾフが音節文字を発見したとしてあげた有名な例のひとつ, 犬(tzul)を表わす文字に使われていたため, tzuと読まれています. 左の例は碑文形, 右は絵文書に使われる書体です.

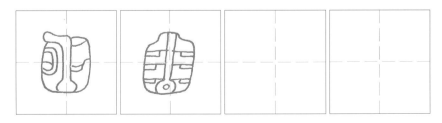

tz'a を表わすもの

「石碑を据え付ける(tz'ap)」という意味を表わす
文字のtz'a［ツァの声門化音］という音節表記とし
て用いられています.

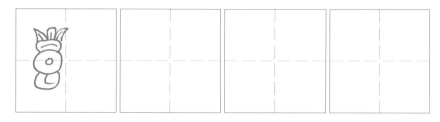

tz'i を表わすもの

月ソッツ(sotz'/sutz')の音節表記に用いられていた
ところから提案されました. kaやsaの文字と似て
いますので注意してください. ツィの声門化音.

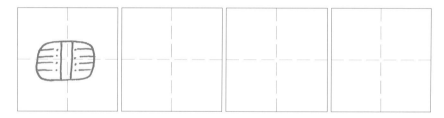

tz'u を表わすもの

魚が何かをついばんでいる(tz'u「吸う」)文字で,
蜂鳥(tz'unun)を表わす文字の音節表記に使われて
います. ツの声門化音.

wa を表わすもの

　単語の最後の子音-wを表わすためによく用いられます.
マルの中の文様は生起例により若干異なりますが, 二つは
逆向きに近い文様になっているのが特徴です.

wi を表わすもの

　ni とよく似ているので混同しないようにしてく
ださい. 下に突き出た要素があるがこの文字の特
徴です. ni にはそれがありません.

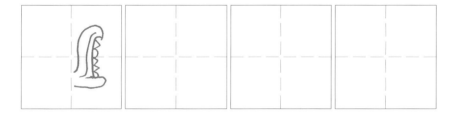

wo を表わすもの

　ランダがあげた月ウォの振り仮名として使われ
ているとみて提案されました. 火 (k'ak') を表わす
文字と似ているので注意してください.

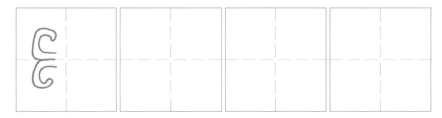

47

xa ［シャ］/ xe ［シェ］を表わすもの

　左のxaは月パシュ(pax)の音節表記に使われていたところ
から認められました. 右は「吐く xe」ということを象形し
た文字で, ランダのアルファベットにしかありません.

　　　　　　　　　　　　　　　xa　　　　　xe

xi ［シ］を表わすもの

　頭蓋骨で, 目の回りに点があるのが特徴です. xa
と交替し, またbix の文字のx を表わしているとこ
ろから xi ［シ］という読みが提案されています.

xo ［ショ］を表わすもの

　『ドレスデン絵文書』の9頁で, 数字の3(ox ［オシュ］)を
表わす文字に使われていたところからxoという読みが提案
されています. これはその碑文形です. アハウの文字の頭の
部分が割れ, 左右に飾りをもっています.

48

ya を表わすもの

ya または hi と読まれてきた文字で，主字の左右
上下によく生起します．

ye を表わすもの

左は 260 日暦の日のひとつムルックの文字と似てい
ますが，左下が少しはねています．右は，指を握りし
めた ko とは違い，指の先を少し曲げた文字です．

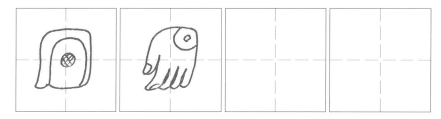

yi を表わすもの

hi や yax「緑」の文字と似ていますが，中の鉤型
の文様が特徴です．この文字の下側が主字につく
ように配置してください．

yo を表わすもの

　左は彼の家(y-otoch)の yo を表わす文字として提案されました. 右側が主字につくように書いてください. 右の文字は手の中に X の字があるのが特徴です.

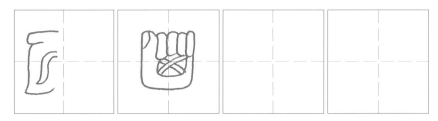

yu を表わすもの

　2 重丸の両端に中に鉤の要素をもったふくらみがついているのが特徴です.

【コラム】音節文字の発見

　1864年に出版されたランダの『ユカタン事物記』には27のいわゆるランダのアルファベットと3つの例がありました．それらの文字がアルファベットか，音節文字かという論争が長い間ありましたが，1950年代になってロシアのユーリ・クノロゾフがランダの残した文字を利用して，単語が音節文字で書かれた例を発見して，音節文字であることが確かになりました．

　ランダのcuとlをそれぞれ音節文字と仮定して，kuとluを表わすものとします．

下に示したのが，ドレスデン絵文書にでてくる文字です．

　七面鳥はクッツ kutz，イヌはツル tzul，11 は buluk といい，それぞれに，ku と l(u) をふくんでいます．七面鳥と犬を表わす文字は2つの要素からできていて，一つは ku と lu であるので，残りは，tzu を表わすと仮定すると，文字とことばが一致します．マヤのことばは子音終わりであり，音節文字でそれらのことばを書き表そうとすると，ちょうど英語を仮名で書くように，最後の母音は読まないようにしなければなりません．

　このようにして，連鎖的に音節文字がみつかって，いまでは百音図に示したように，たくさんの音節文字が見つかっています．

3　マヤ文字で自分の名前を書いてみよう

　マヤ文字で自分の名前を書いてみましょう．ここまで練習した文字で五十音図を作ってみましたので，まずは下の表をもとに書いてみてください．

	a	i	u	e	o
ア行					
カ行					
サ行					
タ行					
ナ行					
ハ行					
マ行					
ヤ行					
ラ行					
ワ行					
バ行					

姓と名をそれぞれ一ますに納めることにしましょう．ほぼ四角なマスにバランスよくはいるようにして，隅は角張らないように丸めてください．音節文字を並べる順は，左端をしめるものを最初に読み，右端をしめるものを最後に読むという原則に従って書いてみてください．中心部に大きな文字（主字）を置いて，そのまわり細長い文字（接字）を配置すると一層マヤ文字らしくなります．接字が主字につく側は決まっています．ただ，左と上，右と下は入れ替えることができますので，全体のバランスを考えてどちらかを選んでください．

なるべく四角っぽいものと細長いものを組み合わせて文字を作るとマヤ文字らしくなります．五十音図にないけれども，百音図の中に気に入ったものがあれば，そちらを選んで書いてみてください．

いろいろな書き方がなされて，たいへんだなと思うか，いろいろな書き方があっておもしろいと思うか意見が分かれるところですが，もともと文字というものは手書きであり，いろいろな書き方がなされるのが当たり前だったはずです．活字ができて書き方が統一された現在では，逆にそれをヘンなことだと思ってしまいます．いろいろなことが規格化されてしまっていることに思いを及ぼすいい機会かもしれません．もちろん規格化することは可能ですが，マヤ人は同じ文字を繰り返すことをきらい，少しでも違う形にして書こうとしていました．文章で，同じ表現の繰り返しを避ける工夫をするのとよく似ていますね．だから多様性をおもしろく活かす方がマヤ人の気持ちに近づくことになるのではないでしょうか．

マヤ文字で表わされない音がありますので，それらを表わすための約束事を以下に記します．

1　メとソの文字がまだ見つかっていませんので，以下の文字で代用することにします．

2 パ行のぺはペットと読まれている文字で代用します.

  ぺ

3 日本語では清音と濁音の区別がありますが, マヤではそのような区別はありません. 濁音は清音で代用してください. ただし, バ行はマヤ文字にもありますので, それを利用してください.

    山田 → ヤ・マ・タ

4 ンは前の母音にあうようなナ行を選んでください. たとえば, カンはカ・ナ, キンはキ・ニ, クンはク・ヌ, ケンはケ・ネ, コンはコ・ノとします.

    神田 → カ・ナ・タ   あるいは

    紺野 → コ・ノ・ノ

5 拗音の場合, たとえば, キャはキ・ヤ, キュはキ・ユ, キョはキ・ヨ, シュはシ・ユと書くことにします. ただし, チャとチュ, シャとショはマヤ文字にありますの で, それを利用してもよいでしょう.

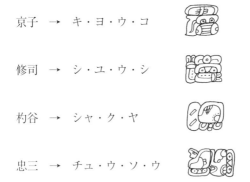

    京子 → キ・ヨ・ウ・コ

    修司 → シ・ユ・ウ・シ

    杓谷 → シャ・ク・ヤ

    忠三 → チュ・ウ・ソ・ウ

6 「堀田」さんなど，小さな「ッ」が入る場合，「ホ・ツ・タ」と表してください.

7 ら行はraがないのでla行を使ってください.

8 長音は母音を表わす文字を連続させてください. バランスが悪いときは，左上に〇を二つ添えた繰り返し記号を使ってください.

大林 → オ・オ・バ・ヤ・シ

大林 → オー・ハ・ヤ・シ

いくつか例をみてみましょう.

徳川家康 → トクカワ・イエヤス

徳川家康は，ト・ク・カ・ワとイ・エ・ヤ・スを分けて書きました. マヤ文字はほぼ四角の文字マスに書かれるのですが，縦長や横長のものもあります. ここでは少し横長にしてみました.

豊臣秀吉 → トヨトミ・ヒテヨシ

豊臣秀吉は，ト・ヨ・ト・ミとヒ・テ・ヨ・シと書き，デという濁音は清音で置き換えました. 徳川家康の文字とは形をかえ，四角な文字にしました.

ナポレオン・ボナパルト

ナポレオン・ボナパルトはナ・ポ・レ・オ・ノとブ・ナ・パ・ラ・テと書きました.

アルベルト・アインシュタイン

アルベルト・アインシュタインはア・ラ・ベ・ル・トとア・イ・ニ・シャ・タ・イ・ニと書くことで代用しました.

問題

日本の地名を音節文字で書いてみました. さてどこでしょう.

1

2

3

4

【答え】

1  「広島」．ヒ・ロ・シ・マをそれぞれ音節文字で記しました．

2  「大阪」．オを繰り返し「オオ」として．それにサ・カを加えました．

3 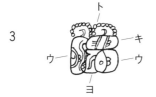 「東京」．ト・ウ・キ・ヨ・ウと音節文字で書きました．

4  「京都」．キ・ヨ・ウ・トと書いています．

4 表語文字

　表語文字というのは，語を表わす文字です．漢字は表意文字と呼ばれることが多いのですが，漢字は意味ばかりでなく音ももっており，語を表わすので，表語文字と呼ばれるようになりました．ハシと書いてあると，音しか表わさないので，端なのか橋なのか箸なのか不明です．しかし漢字で書いてあると，そのどれかが一目瞭然となります．それと同じで，ジャガーやケツァル鳥の顔が書いてあると，ジャガーやケツァル鳥という単語を表わしているとみて，マヤ語のジャガーやケツァルにあたる語をあてはめて，バラム(BALAM)，クック(K'UK')と読むことにします．なお，音節文字と区別するために，表語文字の読みはアルファベットの大文字で表わすことにします．

ジャガー
［バラム(BALAM)］

ケツァル鳥
［クック(K'UK')］

　表わしているものが象形文字であると，何を表わしているかわかるので，それに当たるマヤ語をあてはめればすむのですが，何を表わしているのかわからない文字もたくさんあります．その場合文脈から意味がわかる場合は，その意味に相当するマヤ語を当てて読みますが，文脈から意味さえ推定できない文字もたくさんあります．では，次ページにいくつか表語文字をあげてみましょう．

空
（KAN）

 大地
（KAB）

 太陽（日）
（K'IN）

 年
（TUN）

 守護動物
（WAY）

 守護動物
（WAY）

 1 （HUN）

 6 （WAK）

 20日（ウィナ
ル）

 誕生

 アハウ（暦）

 ラ la【音節文字】

 イミシュ（日），
睡蓮，水
バ ba【音節文字】

 モグラ（BA）
バ ba【音節文字】

 即位

 即位

  即位（古い形）

59

最初の４つは，「空」（カン KAN）と「大地」（カッブ KAB）と「太陽（日）」（キン K'IN）と「年」（トゥン TUN）の文字です.

　次の２つは守護動物を表わすワイ(WAY)という文字の幾何体と頭字体です.守護動物とは，たとえていえば十二支の動物のようなものです．マヤの世界では，赤ん坊が生まれると，その子にふさわしい動物が占われ，その子はその動物の性格をもち，病気したり，ケガしたりするとその動物も同じようになると考えられていました．

　数字を表わす表語文字もありました．１(HUN)は指で表わし，６(WAK)はＳ字型の記号が中に描かれた文字で書かれることがあります．また，ウィナルという20日を表わす蛙の文字が上を向くと，誕生を表わす文字となります．

　260日暦の20日のうちのひとつ，アハウの文字も，天地逆になると，［ラ］(la) という音節文字になります．

　イミシュという日を表わす文字は，「睡蓮」や「水」を表わす文字としてもちいられますが，同時に［バ］という音節文字になります．同じ［バ］という文字として用いられる頭字体は，元来はバ(BA)というモグラを表わす表語文字ですが，音節文字として用いられます．音節文字は表語文字から作られるという一般的な原則にマヤ文字も則っています．

　最後の４つは即位の文字です.「着座する」という意味がひざまずく人の下半身で表わされたのが右の文字です．即位の文字の古いかたちを一番下に２つ付け加えておきました.「座る」ことが視覚的に表わされていることがわかります．象形的な文字が徐々に抽象化されていき，やがて立派な文字になる道筋がたどれる例のひとつです．

表語文字がかな（音節文字）で書き換えられていたり，ふりがなや送りがなに当たるものがあると，読みは確かなものとなります．表語文字を音節文字で書き換えた例を示してみましょう．

　火打ち石はトック(TOK')ですが，音節文字のト(to)とカ(k'a)で書き換えられた例があるところから正しい読みとみなせます．

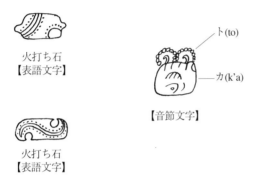

火打ち石
【表語文字】

ト(to)

カ(k'a)

【音節文字】

火打ち石
【表語文字】

　先に述べたケツァル鳥(K'UK')も音節文字のク(k'u)を使い，ク・ク(k'u+k'u=k'uk')と書き換えられていましたので，マヤ語のことばを当てはめて読んでいいことがわかります．

ク(k'u)　ク(k'u)

ケツァル鳥
【表語文字】

【音節文字】

　戦いに関する文字は，火打ち石と楯の文字からできています．火打ち石についてはすでに上で見ましたが，楯もパ・カ・ラという音節文字で書き換えられている例があるところから，パカル(PAKAL)と読んでまちがいないとわかります．

61

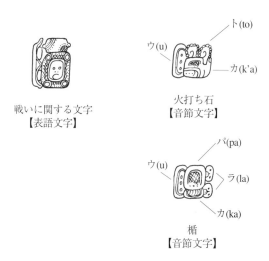

戦いに関する文字
【表語文字】

ト(to)

ウ(u)

カ(k'a)

火打ち石
【音節文字】

パ(pa)

ウ(u)

ラ(la)

カ(ka)

楯
【音節文字】

「火打ち石」と「楯」の音節文字の左側についているものは 3 人称の所有 u を表します. そのため, 直訳すると「その火打ち石」「その楯」となります.

ラカム(LAKAM)は「大きな」という意味ですが, これも音節文字で, ラ(la)・カ(ka)・マ(ma)と書かれた例が見つかって, 読めて意味のわかる表語文字の仲間入りをしました.

ラ(la)

カ(ka)

マ(ma)

大きな
【表語文字】

楯
【音節文字】

ラ(la)の文字は一つでも二つでも同じです. スペースの関係で小さくして, このように二つにすることでバランスがよくなります. 魚の文字は KAY といいますが, 音節文字のカ ka としても使われます.

5　音声補助符

　マヤ文字にも日本語と同様に，ふりがなや送りがなに当たるものがあります．単語の最初の音（初声）を示したり，最後の音（終声）を示したりする役割を担います．

ka-KAN > kan

　蛇はカンといいます．マヤ文字の言語は，チョル語群とユカテコ語群のどちらかといわれています．チョル語では蛇をチャンというところから，チャンという読み方ではなく，ユカテコ語読みのカンであることを示すために，上の部分にカという音節文字をつけたものと思われます．

　なお，表語文字の読みをアルファベットの大文字で，表音文字の読みを小文字で表わします．

　次はどうでしょう．

KAN-na > kan

　蛇と同じ音をもつものに，「4」と「空」があります．同音異義語なので，自由に交替します．「空」の場合は，下の部分に音節文字のナがつきます．ほかの読み方があったために送りがなの「ナ」がついたと思われますが，まだほかの読みは同定されていません（KAN-al という接尾辞のついた形を表わす可能性もあります）．

下の部分に読みを表わすものがついている文字をもうひとつ見てみましょう.

TUN-ni > tun

上の文字は260日暦の日「カワック」を示すと同時に,ク(ku)という音節文字になったり,年や石を表わすトゥンにもなります.多読多価の文字ですので,その区別をするために,ニという音節文字をつけて,トゥンと読ませたのだと思います(しかし tunil という語を表わすために -ni をつけたのかもしれません).

最後に,前に見た「楯」(PAKAL)の文字に読みを表わすものがついた例を見てみましょう.

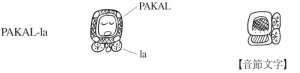

PAKAL-la

【音節文字】

楯の文字に送り仮名のラ(la)がついたものです.マーシュ(maax)という楯ではなく,パカル(pakal)という楯であることを示したものではないでしょうか.前に見ましたが,仮名で書くと右のようになります.表語文字を音節文字で書いた例です.

6　数字

　数字は点と棒で示します．点は1，棒は5を表わします．ただ，「0」だけは以下の文字を使います．

1	●	11	
2	●●	12	
3	●●●	13	
4	●●●●	14	
5	▬	15	
6	▬	16	
7	▬	17	
8	▬	18	
9	▬	19	
10	▬	0	

点と棒による表記の場合は，位置によって位取りをするので，０が必要になります．位取りは下から上に上がります．マヤの数字の数え方は20進法です．

　では実際にみてみましょう．

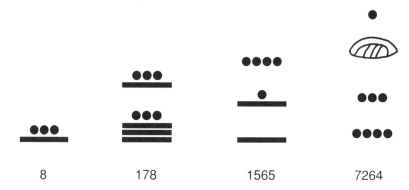

| 8 | 178 | 1565 | 7264 |

　一番左の例ですが，棒の上に点が３つあります．棒は５で，点は１なので，８を表わします．

　２番目の例は，２つの位に分けられています．下の位から数えていきます．下の位は棒（５）が３つと点（１）が３つですので18になります．上の位は棒（５）が１つと点（１）が３つですので８ですが，マヤの数字は20進法なので8x20=160となり，下の位の18と足して，178になります．

　３番目の数字は，３つの位に分けられています．下の位から数えていきます．下の位は棒（５）が１つなので5．真ん中の位は棒（５）が１つと点（１）が１つですが20を掛けますので，6x20=120．一番上の位ですが，点（１）が４つです．この３つめの位は他の位と違い，18までしかありません．そのため，20x18がこの位の単位になります．よって点４つですので4x20x18=1440．すべての位を合計すると，5+120+1440=1565になります．

　４番目は下から３つ目の位が０を表わしています．下から４つ目の位は7200（20x18x20）が単位となります．よって下の位から足していくと4+60+0+7200，合計で7264となります．

問題

　下の図版はドレスデン絵文書と呼ばれるものの一部です．点と棒による表記を
読んでみましょう．

1.
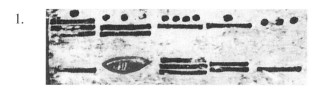

2.

　1.は 5+(16x20)=325，0+(13x20)=260，15+(9x20)=195，10+(6x20)=130，5+(3x20)=65 に
なります．

　2.は15+(7x20)+(3x20x18)=1235, 10+(4x20)+(3x20x18)=1170, 5+(1x20)+(3x20x18)=1105,
0+(16x20)+(2x20x18)=1040， 15+(12x20)+(2x20x18)=975 になります．

　左から4つめは一番下に「0」を表わす文字がありますので，注意してください．

マヤの数字はこれまで見てきた点と棒のほかに，頭字体もあります．頭字体をみてわかるように，13以降は10を表わすあご骨がついています．

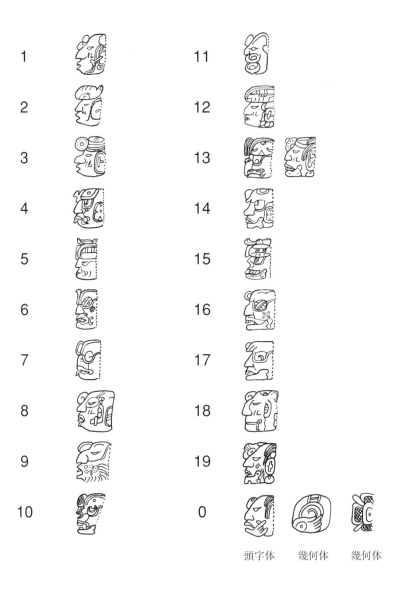

1		11	
2		12	
3		13	
4		14	
5		15	
6		16	
7		17	
8		18	
9		19	
10		0	

頭字体　　幾何体　　幾何体

マヤ語の数字の体系をみると，13以降はオシュラフン oxlahun, カンラフン kanlahun, ホラフン holahun というように，3＋10，4＋10，5＋10のように規則正しくできていますが，11と12は13以降と異なる言い方して，11はブルック buluk, 12はラフカ lahka と言います．文字は，言語にみられる形成法をよく反映していることがわかるでしょう．

　しかし20までは完全な20進法の原理に従ってはおらず，13以降は3に10，4に10という数え方をします．

　点と棒で数を表わす場合には縦に並べて位取りをしますが，文字で表わす場合は，2章で見ていきますが，バクトゥンとかカトゥンといった期間の文字をもちいます．そのため，20以上の数は表わす必要がないのですが，ことばで数を数えるときには，20以降はたいへんかわった数え方をします．どのように数えるのか少し例を挙げておきましょう．

25	ho t-u (ka) k'al	（2番目の20にむかって5）
43	ox t-u y-ox k'al	（3番目の20に向かって3）
76	wak-lahun t-u kan k'al	（4番目の20にむかって16）

【コラム】低地諸語

　低地諸語に分類される言語には，ユカテコ語群，チョル語群，ツェルタル語群の３つの語群があります．そのうち，ツェルタル語群は，マヤ文字の言語に直接関係ないとみられています．ユカテコ語群に近いとか，チョル語群に近いとか，両方の方言があったなどの説があります．しかしながら，公的な言語に方言差があったと考えるのは，常識的に考えられません．チョル語群では，マヤ祖語の*kの音がchに変化していることが特徴の一つですが，*kの音は，マヤ文字のテキストではそのままkで表わされていて，チョル語群のように口蓋化してchにはかわっていません．ではユカテコ語群に近いのかというと，これもまだ問題があります．確かにマヤ祖語の*kをkのまま保存していますし，絵文書の中で読まれている文字はユカテコ語で読んで何ら問題ありません．しかし碑文の資料にはユカテコ語で説明できないものがたくさんあります．たとえば，即位の文字は，KUM-lahまたはKUM-wanと書かれています．ここで大文字のKUMは表語文字を表わします．ちょうど漢字のような使われ方をする文字です．表語文字ですので，音のヒントがないと読めません．この場合そのヒントがないので，チョル語読みのCHUMと読んでもかまいませんが，その当時のk音はそのままであり，chに変化していないので，kumと読むべきでしょう．

　その問題はいまおいときましょう．注目すべきは，接尾辞です．それが言語の問題を解く鍵を提供しています．表音文字で，-lahと書いてあるのと，-wanと書いてあるのがあります．-lahはユカテコ語群，-wanはチョル語群にみられるものです．そうすると方言差があったのではとなるのですが，-wanが使われたのは672年以降のことです．それまでは-lah，それ以後は-lahと-wanが共存することをどのように説明すべきでしょうか．現在私が考えているのは，ユカテコ語群の人がいたところへチョル語群の人が侵入してきてユカテコ語群の人を北に追いやったという見方です．言語周圏論といって古い形が周辺に残るという理論があります．ユカテコ語は古い形を残した言語ではないかと考えるようになりました．

2章　マヤ文字を読んでみよう

1 暦を表わす文字

　マヤは暦を発展させました．西暦と同じように，はじめの日（暦元）を決めて，そこから日を数えていく長期暦が基本になります．

　長期暦は，バクトゥン，カトゥン，トゥン，ウィナル，キンという5つの単位を用いて表わします．5つの単位を日で表わすと，次のようになります．

　1年の長さに近づけたかったためか，数字の項で見ましたが，トゥンのところだけ20進法に従っていないことに注意してください．

	幾何体	頭字体

バクトゥン　1x20x18x20x20 =144000 日
　（＝ 20 カトゥン）

カトゥン　　　　1x20x18x20 =　7200 日
　（＝ 20 トゥン）

トゥン　　　　　　1x20x18 =　 360 日
　（＝ 18 ウィナル）

ウィナル　　　　　　1x20 =　 20 日
　（＝ 20 キン）

キン　　　　　　　　　　 1 日

幾何体と頭字体というよく使われる字体のほかに，複雑きわまりない文字もあります．それは人間や動物の全身像で表わされているところから，全身体ということにしましょう．

幾何体　　　　頭字体　　　　　頭字体　　　　　　　　全身体

上の例はすべて9バクトゥンを表わす文字です．9とバクトゥンという期間を表わす文字を，頭字体と幾何体，全身体で書いています．9を表わす文字は，あごのところにひげがあったり，額のところに緑を表わす文字がつけられています．全身体で書かれていても，顔か体のどこかに数字を区別する特徴が記されています．

9という数字は，最初の2例では，点と棒で，3番目では頭字体で書かれています．全身体の9は，頭字体の特徴であるひげがあごのところに書かれており，また頭字体の額のところにある緑を表わす文字が全身体では頭の後ろに載っています．これらの特徴から他の数字と区別できます．

期間の文字のバクトゥンの幾何体は，ブドウの房のような特徴を内部に持つ文字が2つ重なってできています．ちなみにこの文字は260日暦のカワックという日を表わす文字で，それが2つ重なってバクトゥンという異なる意味を持つ文字になっています．木が2つ合わさると林という違う文字になるようなものです．

バクトゥンの頭字体は，あごのところが手になっている特徴を持っています．全身体でも同じように，右側の鳥のあごのところが手になっており，他の文字と区別できるようになっています．

これらのバクトゥン，カトゥン，トゥン，ウィナル，キンのそれぞれの数字をこの順番で並べて暦を記します．マヤ人は前の周期の終わりの日である13バクトゥン，0カトゥン，0トゥン，0ウィナル，0キンの日(13.0.0.0.0)を暦元の日としていました．この日は0.0.0.0.0と同じです．それを西暦になおすと，紀元前3114年9月6日となります．そこから上記の5つの単位を用いて日を数えます．

暦元の日を西暦になおす変換式にはいくつか異なる意見があり，暦元の日のユリウス通日(ユリウス暦のはじめの日である前4713年1月1日から数えた日数)を584283とする説と，2日足した584285とする説が有力です．またグレゴリオ暦を用いる人もいますが，ここではユリウス通日を584283とする説を採用し，ユリウス暦を用います．

長期暦は暦元の日からとぎれることなく5つの単位を用いて数える暦であり，時の直線性をよく表わしています．しかし日が繰り返し，季節が繰り返すように，暦には循環する暦も必要です．それをマヤ人は260日で1周期の暦と，365日で1周期の暦を使って表わしていました．

まずは260日暦をみていきましょう．

260日暦は，13の数字と20の日を組み合わせてできる260日が一周期の暦です．1イミシュ，2イック，3アクバル，4カン，5チクチャン，6キミ，7マニック，8ラマット，9ムルック，10オック，11チュエン，12エッブ，13ベンの次は，数字は13までしかないので1に戻ります．1イシュ，2メン，3キブ，4カーバン，5エツナッブ，6カワック，7アハウで，20日の日は最後まで来ました．次の日は最初に戻って，イミシュですが，数字の方は7の次ですから8イミシュとなります．9イック，10アクバルという順で，13の数字と20の日が組み合わさってできる260日が1周期の暦です．この周期の最後は13アハウになります．

イミシュ　　イック　　アクバル　　カン　　チクチャン

キミ　　マニック　　ラマット　　ムルック　　オック

チュエン　　エッブ　　ベン　　イシュ　　メン

キッブ　　カーバン　　エツナッブ　　カワック　　アハウ

75

次に365日暦についてみてみましょう.

　365日暦とは,ひと月が20日からなる月が18に,ワヤッブと呼ぶ5日がついてできる暦です.

　0ポープ,1ポープ,2ポープ,3ポープ,……18ポープ,19ポープとポープ月が過ぎると,次の月ウォが始まります.0ウォ,1ウォ,2ウォ……18ウォ,19ウォと,同じように20日の月になります.こうして,シップ,ソッツ,セック,シュル,ヤシュキン,モル,チェン,ヤシュ,サック,ケフ,マック,カンキン,ムアン,パシュ,カヤッブ,クムクとそれぞれが20日の月が過ぎると,最後に5日しかないワヤッブがきます.0ワヤッブ,1ワヤッブ,2ワヤッブ,3ワヤッブ,4ワヤッブとなると365日が経ったことになります.次は最初に戻って0ポープの日となります.

ポープ　ウォ　シップ　ソッツ　セック

シュル　ヤシュキン　モル　チェン　ヤシュ

サック　ケフ　マック　カンキン　ムアン

パシュ　カヤッブ　クムク　ワヤッブ

【260日暦と365日暦の組み合わせによる日の表記】

　260日暦と365日暦は2つつづけて表わされます．その組み合わせの例をみていきましょう．

　5キップ14ヤシュキン
　数字は点と棒が用いられています．

　9マニック0カヤツブ
　「9」は点と棒が用いられています．「0」は即位を表わす表語文字と同じです．カヤツブという月が着座するという意味になります．

　12アハウ8ケフ
　数字は頭字体が用いられています．68頁の「12」の頭字体で頭上にある要素が，ここではあごのところに描かれています．暦の文字も幾何体で書かれることがあります．このアハウの文字は頭字体です．またケフの文字は上部が幾何体，下部が頭字体になっています．

　どうして決めたのかわかりませんが，暦元の日は，260日暦では4アハウの日で，365日暦では8クムクの日にあたります．そこから3400年以上も経った3世紀に，やっとマヤ暦で記した資料が現われはじめます．

　マヤ暦でこれまで見つかっている最初の日は，8バクトゥン，12カトゥン，14トゥン，8ウィナル，15キンです．日に直すと，マヤの暦元の日から124万3615日になります．暦元の日からこれだけ経った日を表わしています．これには必ず循環暦の

77

260日暦と365日暦がつきますが，計算すると，この日は260日暦の13メンで，365日暦の3シップとなります(292年7月6日)．これを表わすとき，バクトゥンからキンという順にして，最後に260日暦と365日暦の日を添えて，次のように表わします．

　8.12.14. 8.15　　13メン　3シップ

　マヤ暦で最後の日は，10.4. 0. 0. 0　　12アハウ　3ウォ(909年1月13日)です．なお，両方の図とも260日暦と365日暦の部分は残念ながら破損しています．

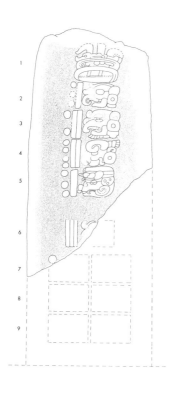
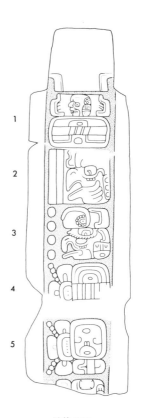

最初の日
8.12.14.8.15 13メン 3シップ
The Monuments and Inscriptions of Tikal: The
Carved Monuments より William R. Coe 画

最後の日
10.4.0.0.0 12アハウ 3ウォ
Tonina, une cité Maya du Chiapas(Mexique) より

　下の図版はヤシュチランのイニシャルシリーズと呼ばれるものです。A,B列に暦を表わす文字がでてきます。AB1 の大きな文字はここから暦が始まることを表わす文字です（導入文字と呼ばれています）。では暦を読みとってみましょう。

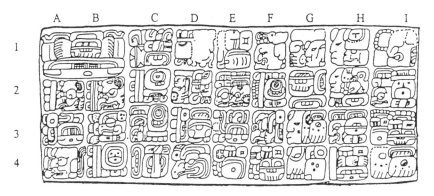

（Carolyn E. Tate, 1992　Yaxchilan. Univ. of Texas Press. p.237 より）

Carolyn Tate 画

A2：9 バクトゥン（点 4 つと棒 1 つで 9．バクトゥンの頭字体）

B2：16 カトゥン（点 1 つと棒 3 つで 16．カトゥンの頭字体）

A3：1 トゥン（点 1 つで 1．トゥンの幾何体．間にある文字は助数詞 te を表わす）

B3：0 ウィナル（0 を表わす幾何体．ウィナルの頭字体．その下に音声補助府）

A4：0 キン（0 を表わす幾何体．キンの頭字体．その右に音声補助府）

B4：11 アハウ（点 1 つと棒 2 つで 11．アハウの幾何体）

　365 日暦は離れて D3 にあります。8 セック（点 3 つと棒 1 つで 8．セックの文字．間にある文字は助数詞 te を表わす）。

　まとめると，9. 16. 1. 0. 0　11 アハウ　8 セック（西暦 752 年 4 月 27 日）となります。

2 色と方角を表わす文字

マヤ人は世界を東西南北にわけ，空や大地を表わす文字を持っていました．東西南北には，赤黒黄白の色と密接に関係していました．中央の色は緑です．

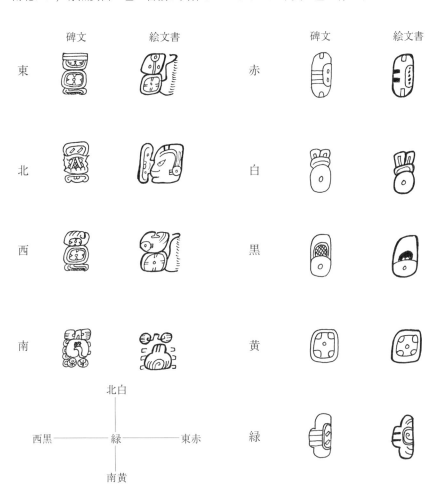

下はドレスデン絵文書と呼ばれるものです．色や方角を表わす文字は，絵文書では雨の神が四方を支配する章などに現われます．色や方角を表わす文字を探してください．

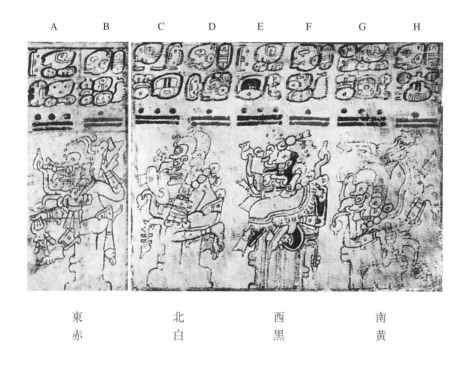

A	B	C	D	E	F	G	H

東　　　　　北　　　　　西　　　　　南
赤　　　　　白　　　　　黒　　　　　黄

　A列の上から2マス目に「赤」の文字，その隣のB列に「東」の文字があります．

　C列の上から2マス目に「白」の文字，その隣のD列に「北」の文字があります．

　E列の上から2マス目に「黒」の文字，その隣のF列に「西」の文字があります．

　G列の上から2マス目に「黄」の文字，その隣のH列に「南」の文字があります．

　色や方角を表す文字は，絵文書では雨の神が四方を支配する章などに現れます．

3 地名を表わす文字

　王の名前を表わす句の最後に，王が支配した領地を表わす文字である紋章文字が
生起します．これは左（ヘン）と上（カンムリ）の要素が一定で，主字だけが異な
る文字群です．ヘンはクフルk'uhulと読まれています．神聖なという意味です．いく
つか異なる書き方がなされますが，同じ機能を果たす文字と考えられます．カンム
リはアハウahauと読まれます．この文字がない場合は，紋章文字の後ろにアハウの
文字がつけられるところから，主字を読んだあとに読むことがわかります．
　主字はティカルやコパンなどの現在の遺跡名に当たると考えてよいでしょう．

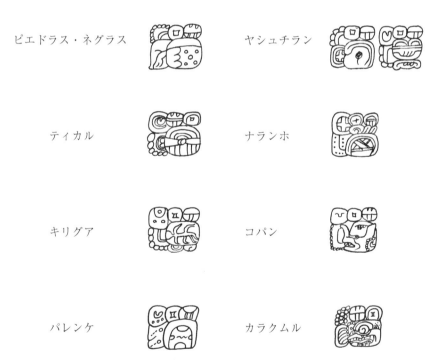

ピエドラス・ネグラス　　　　　　　　　　ヤシュチラン

ティカル　　　　　　　　　　　　　　　ナランホ

キリグア　　　　　　　　　　　　　　　コパン

パレンケ　　　　　　　　　　　　　　　カラクムル

4　人名を表わす文字

　紋章文字が名前の最後についている男性は，王様とみられることはすでに触れました．男性の場合は，何もつかない場合が多いのですが，女性の名の前には，必ず女性の横顔がつけられています．それはイシュ ix，またはナ na と読みます．ちょうど Mrs. などにあたるものです．

　女性の場合は地位や称号を表わす文字の前に女性の文字がつきます．

・カロムテ（またはチャクテまたはバタブ）という地位の人

男性　　　　　　　　　　　　女性

・バカブ（首長）という地位の人

男性　　　　　　　　　　　　女性

　女性の名前を表わす場合，名前の文字の前に女性の文字がつきます．

・パレンケの「サック・クック」と呼ばれる女性

　「白」を表わす文字とクック（ケツァル鳥）を表わす文字でできています．クックを音節文字の k'u を並べて k'uk' としたのが 2 番目の文字です．

・ピエドラス・ネグラスの「カトゥン・アハウ」とその娘「キン・アハウ」

カトゥン・アハウ

キン・アハウ

　女性の出身地を表わす場合は，紋章文字の前に女性の文字がつきます．

・ボナンパックの「ヤシュチランから嫁いできた女性」

　ヤシュチランの紋章文字の前に女性の文字がついています．

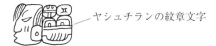

5　王の名を表わす文字

　それぞれの都市は，王が支配していました．碑文の分析からたくさんの王が同定されています．その王の名前は，ふつう表意文字で書かれていますので，読み方のわからないものが多いのですが，ジャガーや蛇などの象形文字で書かれている場合は，それにあたるマヤのことばで読み下しています．象形文字で書かれた王の名前が表音文字で書き換えられている場合もあります．

　ふつう名前のほかに称号や「捕虜を捕まえた」という句，年齢や紋章文字などがついて王名が形成されています．有名な王の名前をいくつか挙げてみましょう．

【ヤシュチランの王】

「楯ジャガー」王

5カトゥン
楯ジャガー
アハウという捕虜を捕まえた

その息子
「鳥ジャガー」王
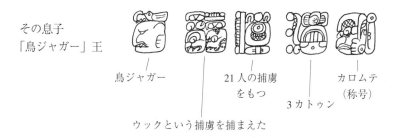
鳥ジャガー
21人の捕虜をもつ
ウックという捕虜を捕まえた
3カトゥン
カロムテ（称号）

85

ウスマシンタ川の大遺跡ヤシュチランを繁栄に導いた王とその息子です．王の文字は楯とジャガーでできているとみて，「楯ジャガー」と読んでいます．もちろんそれにあたるマヤのことばで，パカル・バラムと読んでもいいでしょう．しかし最近は楯とみた文字は楯の文字ではなくイツァムナという文字とみて，イツァムナ・バラムと読む案が提案されています．このように，表意文字は決定的な読み方がえられない問題を抱えています．

　例では「楯ジャガー」の前に5カトゥンの文字，後ろにアハウ（アフ・ニック）という捕虜を捕まえたという文字があります．カトゥンは20年ですので，5カトゥンは100年ということになります．つまり80歳から100歳までの間の年齢であることを示しています．

　「楯ジャガー」の息子は，ジャガーの文字に鳥がつけられていますので，「鳥ジャガー」と呼んでいます．鳥ジャガーの名前の後ろには，ウックという捕虜を捕まえ，21の捕虜をもつ人，年齢は3カトゥン（3×20年であり，40歳から60歳の間）で，カロムテという称号もつヤシュチランの王であると書かれています．

【ピエドラス・ネグラスの王】

2代　　　　　　　　　　3代

　ピエドラス・ネグラスでは，1960年に7代の王が同定され，それ以来マヤ碑文の歴史的解釈が進み出したのですが，その王朝の第2代王と第3代の王の名前をあげました．

【ティカルの王】

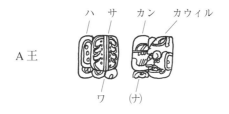

A王

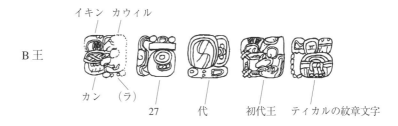

B王

27　　代　　初代王　ティカルの紋章文字

　マヤ文明の中心地, ティカルの古典期後期に活躍したA王 (ハサウ・カン・カウィル) と, その息子のB王です.

　現在A王は, ハサウ・チャン・カウィル, B王はイキン・チャン・カウィルと読まれています.

　チャンとはチョル語やチョルティ語の読み方です. ユカテコ語ではカンと言います. 1章の5で示したように, 音節文字でもチャンではなくカンと記されているので, チャンはカンと読むべきです. ちなみにカウィルとは豊穣の神のこと.

　B王のイキンはyiとk'inの融合した文字であるところから, そう読んでいるのですが, 証明しようがありません.

　B王の次にある文字は, ティカルの創設者から数えて27代目の王であることを表わしています.

【ナランホの王】

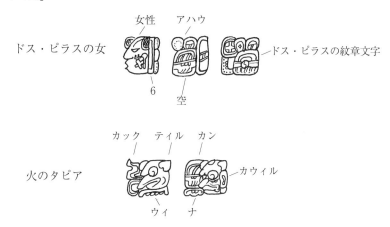

ドス・ピラスの女

女性　アハウ

6　　空

ドス・ピラスの紋章文字

火のタピア

カック　ティル　カン

ウィ　ナ

カウィル

　ナランホの王朝は3期に分けられます．第2期は，ドス・ピラスからやって来た女性が5年後に「火のタピア（カック・ティリウ）」を生み，彼が周辺の町を征服していったことが主に記されています．「6」と次の文字がドス・ピラスの女の名です．また，「カン・カウィル」は「火のタピア」の称号です．

【キリグアの王】

キリグアの王

ティリウ(空)

カック

　キリグアの「2本足の空（カック・ティリウ）」はコパンの「18のウサギ」王と同じ時代に活躍しました．そしてどうも彼を捕らえて首をはねたらしいのです．後ろの文字はyoaatと読まれています．

【パレンケの王】

パカル大王

その息子のカン・
バラム王

　パレンケの碑文の神殿の下に埋葬されたパカル王は，パレンケを繁栄に導いた大王で，楯の表語文字とともに，音節文字でパ・カ・ラと書き換えたものがあり，確かな読みです．なお，左の要素は「マキナ」（大きな太陽）と読まれてきましたが，最近はK'inich（太陽・顔）と読まれ，称号を表わすものと考えられています．また，「ハナブ」は音節文字で「ハ・ナ・ブ」と書き換えられていたので，このような読みになったのですが，意味は不明です．

　その息子は，蛇（カン）とジャガー（バラム）の混淆したような表意文字で表わされていましたので，カン・バラムと読み下しています．

6　親族名称を表わす文字

　王の名前のあとに母親と父親の名前が記されている場合があります．それにより，王家の家系が判明しました．

母と子の関係を表わす文字 　または　

または　

父と子の関係を表わす文字

　父母と子供の関係を示す文字にはいくつかの種類があります．そのうちマヤ語で，母親から見た息子は，al といいますが，それを表わしたものが，上の文字です．所有詞がついて y-al（彼女の息子）と書かれています．父親から見た息子は k'aol といいます．このように子音で始まる語の場合は y- ではなく，u がつきますので，u k'aol（彼の息子）と書かれています．

　まず王の名前があります．次に母と子の関係を示す文字があり，それに続いて母親の名前が出てきます．次に父と子の関係を示す文字があり，そして父親の名前が出る形が一般的です．それが最初に発見されたのは1977年のことで，次ページの例にみられるティカルの石碑5号の碑文の分析からです．

次の碑文（ティカルの石碑5号）をみてみましょう.

C　　　D

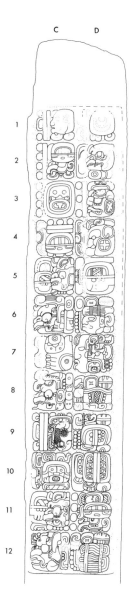

C5とD5にB王の名前があるのがわか
りますか（本書87ページ参照）. その後ろの
C6には称号を表わすカロムテの文字（83
ページ参照）があり, D6はティカルの紋章
文字が頭字体で示されています.

その次のC7が母と子の関係を表わす文
字です. D7〜D9までは母の名である12
マッコー（金剛インコ）が記されています.

C10が父と子の関係を表わす文字です.

その後ろのD10とC11は父の名であるA
王の名が書かれています（87ページ参照）.

Christopher Jones and Linton Satterthwaite
1982 The Monuments and Inscriptions of Tikal:
The Carved Monuments.
University Museum of University of Pennsylvania.

7 神の名を表わす文字

　碑文や絵文書には神の名を表わす文字もでてきます．まずは碑文から見ていきましょう．

　碑文は基本的に，王家の歴史を扱ったものですが，神々も記されています．パレンケではマヤ紀元前後の創造神が登場します．読み方がわからないので，GI, GII, GIII と名づけられています．

　　　　GI

　　　　GII

　　　　GIII

　次に絵文書ですが，絵文書は宗教的なことを扱っている関係上たくさんの神様が登場します．雨神や死神などがいます．そのうちいくつかはマヤのことばで読まれていますが，その多くはどのように読んでよいのか不明ですので，それらはアルファベットの大文字を使って区別されています．絵の下にある文字は，神の名前を表わす文字です．

右ページの図：Günter Zimmermann, 1956 Die Hieroglyphen der Maya-Handschriften. Hamburg Cram, De Gruyter & Co. より

死神
A神

雨神
B神

C神

創造神
イツァムナ D 神

トウモロコシの神
カウィル E 神

太陽神
G神

豊穣神
カウィル K 神

地下神
L神

商業神
M神

地下神
N神

8　動物を表わす文字

　ジャガーやケツァル鳥などの動物が人名として出てきましたが，絵文書には次の
ような動物もでてきます．神の名同様，絵の下にあるのが動物を表わす文字です．

| 鹿 | 犬 | コンドル | ムアン鳥 |

| オウム | ジャガー | 七面鳥 | ケツァル鳥 |

Günter Zimmermann, 1956 Die Hieroglyphen der Maya-Handschriften.
Hamburg Cram, De Gruyter & Co. より

9 動詞を表わす文字

　碑文ではふつう日付の次に動詞がきます．そしてそのあとに名詞がきます．この構造によって，王が生まれたり，即位したり，戦争したり，死んだことが表わされます．主字についている接字は文法的な接辞を表わしているものと解釈されていますが，まだ我々がもっている言語資料との対応が十分得られていません．提案されている音価を参考までに添えておきます．表語文字と表音文字の混合した文字と，表音文字だけで書かれたものがあります．大文字で表わされた単語は表語文字を意味します．

誕生する
sihyah(<SIH-ya-ha)

死

即位する
kumlahi(<KUM-la-hi-ya)

埋葬
mukah<mu-ka-ha

血を流す儀式
tz'ak

捕らえる
chukah<chu-ka-ha

倒す
hubuy(<hu-bu-yi)

首をはねる
ch'ak-ba<ch'a-ka-ba

焼く
puluy/tokoy

石碑を建てる
tz'apah<tz'a-pa-ha

儀式
nawah 飾る？

戦争する

【コラム】文字マスと文字の関係

　漢字にヘンやツクリなどがあるように，マヤ文字も，ふつう大きな要素と小さな要素が組み合わさって構成されています．その構成の仕方にはきまりがありますが，自由に組み合わせても意味が変わらない場合があります．

　上の図はパレンケのサック・クック（白いケツァル鳥）という名の女性の文字です．3つの書き方が見られます．最初は女性の横顔が左にあり，右側に白の文字とケツァル鳥が書かれています．2番目はケツァル鳥の下に白の文字があります．3番目は女性の文字の下に白の文字，その下にケツァルを音節文字k'uを2つつないで，k'u-k'u＞k'uk'を表わしています．

　「口」と「門」を組み合わせた「問」という字は前2者とは違う意味を表わします（形声）．同じようにマヤ文字でも違う文字を組み合わせて，さらに違う文字を構成することもできます．

イミシュ　　　アハウ　　　「マ」

　音節文字の「マ」は，イミシュとアハウという文字が組み合わさってできた文字であることを示しています．

しかし，ひとつの文字に違う文字を取り込んでも同じという場合も見られます．

　上の文字は，パレンケのカン・モという男性の名前です．「カン」K'AN（黄色・貴重な）という文字が左に，右には「モ」とよばれるオオムが描かれています．しかし2番目の文字は「カン」が目の中に取り込まれて，一文字となっています．

　文字マスは原稿用紙のマスと同じように考えてよいでしょう．ふつう一つの文字マスに一つの文字がおさまっています．しかし文字は文字マスを超えてつながる場合もあり，文字の構成ということを考えると，漢字よりだいぶ結合度が低いということが言えそうです．

　上はボナンパックのカン・ムアンという王の名前です．一文字で書かれています．下も同じボナンパックのカン・ムアンという王の名前ですが，2マスに分けて書かれています．

【コラム】文字の解読の現状

　1960年にタティアナ・プロスクロアコフがピエドラス・ネグラスの碑文を分析して，7代の王の名前と，誕生や即位を表わす文字を発見して以来，テキストの歴史的解釈が進んでいます．ほとんどの碑文の扱っている内容は理解されるようになってきました．しかしたくさん不明の文字が残されています．これは言うなれば意味の解読です．

　一方，音声面での解読は，1950年代に，ロシアのユーリ・クノロゾフが，絵文書のマヤ文字の中に音節文字の存在を発見して，それが1960年代にアメリカのデイヴィド・ケリーやマイケル・コウなどによって認められるようになり，進み始めました．クノロゾフが発見した原則は，マヤ語の基本形である子音・母音・子音CVCという形がCV＋CVという音節文字で書かれ，母音が一致する音節文字が選ばれ，最後の母音は読まれないというものです．1973年に碑文の王名中にパカルという音節文字で書き換えられた例が発見され，碑文時代にすでに音節文字が存在することが確かめられました．それ以来音節文字の発見に精力がそそがれ，現在では音節文字表が作られています．しかし何語で書かれているかという問題はまだ解決していません．ユカテコ語で絵文書は読むことができます．しかし言語との精密な対応関係がまだ得られていないにもかかわらず，碑文の文字はチョル語群で書かれているという意見が現在大勢を占めるに至っています．

　また母音不一致理論という何とも不思議な理論が採用されています．これはCV＋CV＝CVCというクノロゾフが発見した母音一致の原則に反する書き方がなされた場合，最初の母音は長母音か母音＋hか母音＋声門閉鎖，すなわちCVVC/CVhC/CV'Cという語形を表わすものと解釈されています．母音が短母音以外の場合に，どのように記されるべきかを工夫した結果であるという意見です．しかしそのように音価を精密に書き記したとは思われません．このように，常識では受け入れがたい説が現在受け入れられており，まだまだ解読には時間がかかりそうです．

3章　マヤ文字を解読してみよう

1　ヤシュチランの石碑11号

d

a　　　　　　　b　　　　　　c

（Carolyn E. Tate, 1992
Yaxchilan. Univ. of Texas Press.
p.237 より）左は Carolyn Tate
画，右は Linda Schele 画

100

ウスマシンタ川の大遺跡ヤシュチランは，4世紀から記録をもちます. 681年に即位した「楯ジャガー」王とその息子「鳥ジャガー」の時にもっとも繁栄します.「楯ジャガー」は742年に死にましたが，「鳥ジャガー」がそのあとをすぐ継ぐことはなく，752年に即位します. 10年あまりの空位は「鳥ジャガー」が庶子であったことによるようです.「鳥ジャガー」は9.16.1.0.0　11アハウ　8セックという区切りのいい日を即位の日に選んでいます. それは石碑11号の側面（図a, c）と正面下部の碑文（図b）に示されています. 石碑正面には，錫杖をもって向き合った楯ジャガーと鳥ジャガーが描かれています. おそらく権力の委譲を表わすのでしょう. 裏面上部（図d）には鳥ジャガーの父母の姿と名前が描かれ，下部は鳥ジャガーが3人の捕虜の前で仮面をかぶり，王権の象徴のK神の錫杖をもっている姿が描かれています.

　ここでは正面下部のテキストを取り上げてみましょう. テキストは鳥ジャガーの即位を記したあと，その正統性を誇示するかのごとく，父親である「楯ジャガー」と母親が記されています.

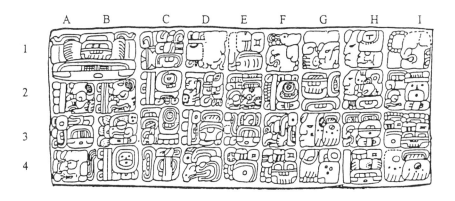

　正面下部のテキストを拡大したものが上の図です.

　なお，3章では実際の碑文に記されたマヤ文字を見ていきますので，これまで説明してこなかったものも多数含まれています. 合わせて見ていきましょう.

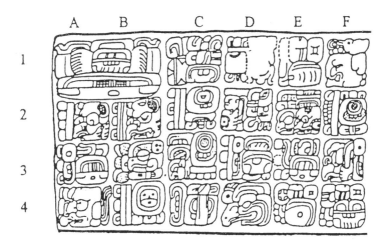

ＡＢ１　導入文字
Ａ２　9 バクトゥン
Ｂ２　16 カトゥン
Ａ３　1 トゥン（1・テ・トゥンと数字とトゥンの間に助数詞のテが入っ
　　　ている）
Ｂ３　0 ウィナル
Ａ４　0 キン
Ｂ４　11 アハウ（260 日暦）
Ｃ１　Ｇ9／Ｆ（この日は 9 日周期暦の 9 番目の日）
Ｄ１　6 Ｙ／Ｚ（この日は 7 日周期暦の 6 番目の日）
Ｃ２　12 Ｄ（この日は月齢 12 日）
Ｄ２　5 Ｃ／Ｘ3（この日は太陰暦半年暦の 5 ヶ月目）
Ｃ３　Ｂ／9 Ａ（この日は 29 日月）
Ｄ３　8 セック（365 日暦）
Ｃ４　即位した
Ｄ４　ti（〜に）
Ｅ１　ahaule(l)（アハウ王の位）
Ｆ１　鳥ジャガー
Ｅ２　ウックという捕虜を捕まえた
Ｆ２　21 人の捕虜を捕まえた人
Ｅ３　3 カトゥン（40 から 60 歳の年齢）
Ｆ３　カロムテ（またはバタブ）という称号
Ｅ４〜Ｆ４　ヤシュチランの紋章文字

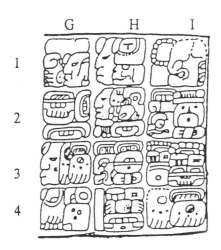

G1　〜（母親）の子
H1　イック頭蓋骨という女性
G2　称号（カナン空の／高みにある）
H2　称号(ix k'uhun 聖なる女性)
G3　称号（ix bakab バカブという称号をもつ女性）
H3　〜の（父親）の子
G4　左半分の文字は称号CH'AM「慎む」と読まれている．右半分の文字はch'ahom

「液体をまく人」と読まれているが,t'aham「もっとも力のある人」とも考えられる．
H4　5カトゥンアハウ（80〜100歳の年齢の王）
I1　楯ジャガー
I2　アハウ（またはアフ・ニック）という捕虜を捕まえた人
I3　ヤシュチランの紋章文字
I4　称号バカブ（首長）

【試訳】

　9.16.1.0.0　11アハウ　G9（9日周期の9番目の日），6ZY（7日周期の6番目の日），12D（月齢12日），5C（太陰半年の5番目の月），X，B，9A（29日月）8セックの日（752年4月27日）に，アフ・ウックという捕虜を捕らえ，21の捕虜を捕らえた人，3カトゥンの，カロムテ（バタブ）という称号をもつ，ヤシュチランの神聖なる王，鳥ジャガーが即位した．母はイック頭蓋骨で神聖なる女性のバカブ（首長），父は，5カトゥンの年齢の楯ジャガー，アハウ（アフ・ニック）を捕まえた人で，ヤシュチランのバカブである．

2 ピエドラス・ネグラスの石碑3号

裏面   正面

John Montgomery 画

ピエドラス・ネグラスは，ヤシュチランの下流にあります．マヤ碑文に歴史が刻まれていることが最初に証明された遺跡です．５年ごとに建てられた石碑を研究したタティアナ・プロスクリアコフは，７代の王を同定し，誕生や即位，死を表わす文字などを発見しました．ここで扱うのは石碑３号です．碑文は第３代の王の后とその子供を扱ったものです．

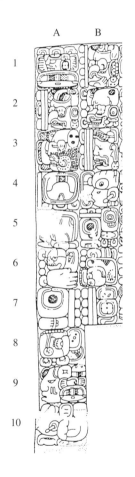

A 1　導入文字
B 1　9バクトゥン
A 2　12カトゥン
B 2　2トゥン
A 3　0ウィナル
B 3　16キン
A 4　5キップ（260日暦）
B 4　G7（9日周期暦の7番目の日）
A 5　F
B 5　7E/D（月齢27日）
A 6　2C（太陰半年暦の2番目の月）
B 6　X2
A 7　9A（29日月）
B 7　14ヤシュキン（365日暦）
A 8　生まれた
A 9　カトゥンという名の女性（で，かつ）
A 10　ナマンという名の女性

105

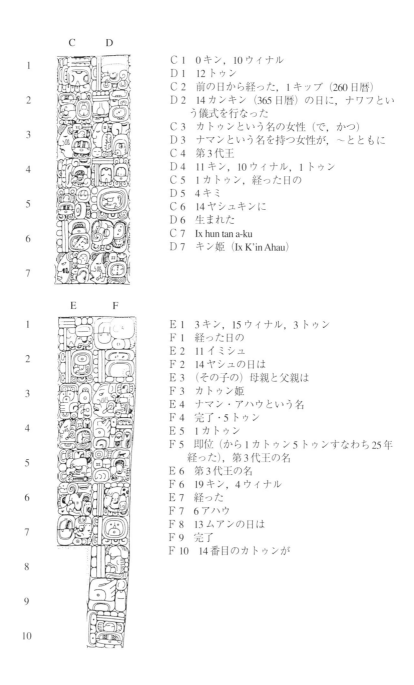

C D

C 1　0 キン，10 ウィナル
D 1　12 トゥン
C 2　前の日から経った，1 キップ（260 日暦）
D 2　14 カンキン（365 日暦）の日に，ナワフという儀式を行なった
C 3　カトゥンという名の女性（で，かつ）
D 3　ナマンという名を持つ女性が，〜とともに
C 4　第 3 代王
D 4　11 キン，10 ウィナル，1 トゥン
C 5　1 カトゥン，経った日の
D 5　4 キミ
C 6　14 ヤシュキンに
D 6　生まれた
C 7　Ix hun tan a-ku
D 7　キン姫（Ix K'in Ahau）

E F

E 1　3 キン，15 ウィナル，3 トゥン
F 1　経った日の
E 2　11 イミシュ
F 2　14 ヤシュの日は
E 3　（その子の）母親と父親は
F 3　カトゥン姫
E 4　ナマン・アハウという名
F 4　完了・5 トゥン
E 5　1 カトゥン
F 5　即位（から 1 カトゥン 5 トゥンすなわち 25 年経った），第 3 代王の名
E 6　第 3 代王の名
F 6　19 キン，4 ウィナル
E 7　経った
F 7　6 アハウ
F 8　13 ムアンの日は
F 9　完了
F 10　14 番目のカトゥンが

【試訳】

9. 12. 2. 0. 16　5キッブ　G 7（9日周期の7番目の日），29日月の月齢27日で，太陰半年の2番目の月であって，14ヤシュキンの日に，カトゥン姫が生まれた．それから約12年後（12.0.0）の1キッブ14カンキンの日に，ナワフ儀式をカトゥン姫が，第3代王のもとで執り行った．約21年（1.1.11.10）経った4キミ14ウォの日に，娘のキン姫が生まれた．それから3年あまりの11イミシュ14ヤシュの日は，即位25周年目の日であり，母親はカトゥン，父親は即位25年目の第3代の王である．それから4年あまり経った6アハウ13ムアンはカトゥン14の終了である（この日がこの石碑の奉納日である）．

この石碑に記されている日付を表にすると以下のようになります．

9. 12. 2. 0. 16	5キッブ	14ヤシュキン	（西暦674年7月2日）
+ 　　12.10. 0			
9. 12.14.10. 16	1キッブ	14カンキン	（西暦686年11月16日）
+ 　1. 1. 11. 10			
9. 13.16. 4. 6	4キミ	14ウォ	（西暦708年3月15日）
+ 　　 3. 8. 15			
9. 13.19.13. 1	11イミシュ 14ヤシュ		（西暦711年8月22日）
+ 　　　 4. 19			
9. 14. 0. 0. 0	6アハウ	13ムアン	（西暦711年11月29日）

107

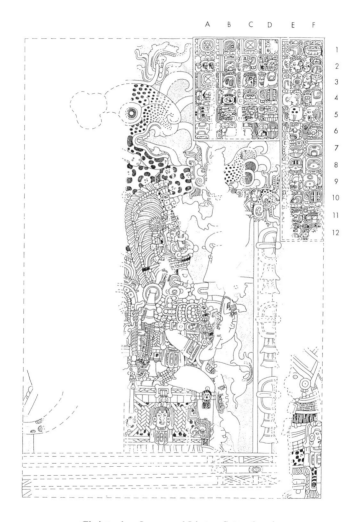

Christopher Jones and Linton Satterthwaite
1982 The Monuments and Inscriptions of Tikal: The Carved Monuments.
University Museum of University of Pennsylvania.

ティカルは地理的にも文化的にもマヤの中心を占める大遺跡です．これまで見つかっているもっとも古い石碑29号の記す292年から石碑10号の889年までの歴史が石碑やリンテルなどに刻まれています．しかし途中の562年から120年あまりのあいだは文字の記録が途絶えます．

　リンテル3は，古典期前期末に一度衰退したティカルをふたたび繁栄に導いたA王のものです．このリンテルは，ピラミッドの上に建てられた神殿1号の入り口の上に張られていました．そのピラミッドの下部でA王の墓が発見されました．

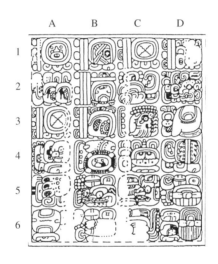

A 1　9アハウ
B 1　13ポープ
A 2　3トゥン完了の儀式？
B 2　18キン，7ウィナル（経った）
A 3　11エツナップ
B 3　11チェン（の日に）
A 4　倒れた(hubuy)
B 4　ウ・トック・パカル(u tok' pakal 彼の
　　　槍と楯が)
A 5　火の爪（yich'ak k'ak'）王
B 5　カラクムルの紋章文字
A 6　bak-na?
B 6　yahaw?
C 1　12エツナップ

D 1　11サック（の日に）
C 2　運ばれた？(kuchtahと読まれているが
　　　言語学的に容認できない形)
D 2　輿にのって？
C 3　霊を呼び出した u k'uh tzak(/u tzak k'uh)
D 3　節制する(tu ch'ab)?／舌に穴をあける
　　　(tok'/hol)?
C 4　彼の舌に（ti y-ak'-li)?
D 4　A王(hasaw)
C 5　称号(kan k'awil)
D 5　ティカルの紋章文字
C 6　？
D 6　ティカルの井の中で tan ch'en mutul?

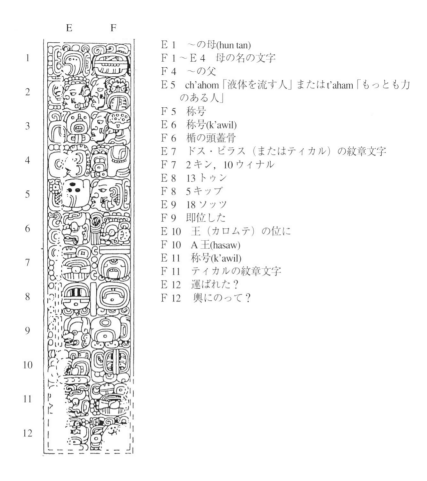

E 1　～の母(hun tan)
F 1～E 4　母の名の文字
F 4　～の父
E 5　ch'ahom「液体を流す人」またはt'aham「もっとも力のある人」
F 5　称号
E 6　称号(k'awil)
F 6　楯の頭蓋骨
E 7　ドス・ピラス（またはティカル）の紋章文字
F 7　2キン，10ウィナル
E 8　13トゥン
F 8　5キブ
E 9　18ソッツ
F 9　即位した
E 10　王（カロムテ）の位に
F 10　A王(hasaw)
E 11　称号(k'awil)
F 11　ティカルの紋章文字
E 12　運ばれた？
F 12　輿にのって？

【試訳】

　9アハウ　13ポープ，3番目のトゥンから7ヶ月18日後(7.18)の11エツナップ11チェンの日に，カラクムルのイチャクカック王と戦い，倒した．2ヶ月後の12エツナップ11サックの日に，神を呼び出し，舌に穴をあけ，血を流す儀式をA王（ハサウ・カン・カウィル）王が行なった．母は「ジャガーの座」というあだ名が付けられている女性であり，父は，ドス・ピラスの「楯頭蓋骨」王である．13年あまり(13.10.2)前の5キブ14ソッツの日にA王は即位した．

この石碑に記されている日付を表にすると以下のようになります.

```
9. 13. 3. 0. 0      9 アハウ      13 ポープ    (西暦 695 年 2 月 26 日)
+      7. 18. 0
─────────────
9. 13. 3. 7. 18     11 エツナップ  11 チェン   (西暦 695 年 8 月 3 日)
+          2. 0
─────────────
9. 13. 3. 9. 18     12 エツナップ  11 サック   (西暦 695 年 9 月 12 日)
-       13. 10. 2
─────────────
9. 12. 9. 17. 16    5 キップ      14 ソッツ   (西暦 682 年 5 月 1 日)
```

4 ナランホの石碑22号

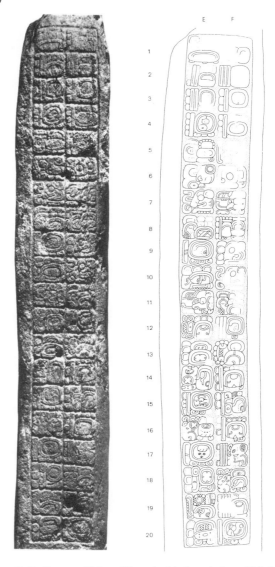

Ian Graham and Eric von Euw, 1975 Corpus of Maya Hieroglyphic Inscriptions. Vol. 2, Part 1. Peabody Museum of Archaeology and Ethnology, Harvard University(Cambridge, Massachusetts).

ナランホの王朝は3期に分けられます．第2期はドス・ピラスからやって来た女性が，5年後に「火のタピア」王を生み，幼少の王が近隣を支配した歴史が扱われています．

E 1　導入文字
F 1　9 バクトゥン
E 2　12 カトゥン
F 2　15 トゥン
E 3　13 ウィナル
F 3　7 キン
E 4　9 マニック
F 4　G6/F
E 5　5E/D（月齢25日）
F 5　1C（太陰半年暦の1ヶ月目）
E 6　0 カヤップ
F 6　生まれた
E 7　火のタピア王
F 7　称号（kan k'awil）
E 8　ナランホの紋章文字
F 8　12 キン，8 ウィナル，5 トゥン
E 9　5 カワック
F 9　2 シュル
E 10　即位？
F 10　火のタピア王
E 11　称号（kan k'awil）

F 11　ナランホの紋章文字
E 12　0 キン，1 ウィナル
F 12　12 カワック
E 13　2 ヤシュキン
F 13　倒れた(hubuy)
E 14　西の地 chik'inil kab
F 14　6 キン，4 ウィナル
E 15　7 チクチャン
F 15　8 サック
E 16　焼かれた puluy/tokoy，トゥバル(tubal)?（の地が）
F 16　9 キン，4 ウィナル
E 17　5 イシュ
F 17　17 ムアン
E 18　1 日
F 18　焼かれた puluy/tokoy，ビタイ bitay?
E 19　闘い（ni pakal tok' kab）
F 19　16 キン，2 ウィナル
E 20　1 トゥン
F 20　5 オック

【試訳】

9.12.15.13.7　9 マニック，9 日周期暦の6番目の日，月齢20日，6 ヶ月の太陰半年の最初の月，0 カヤップに，ナランホの「火のタピア（カック・ティリウ），空のカウィル」が生まれた．それから5年8ヶ月あまり(5.8.12)経った5 カワック2 シュルの日に「火のタピア」王は即位した．1 ヶ月後の12 カワック2 ヤシュキンの日に，西の国(chik'inil kab)が倒れた(hubuy)．4 ヶ月後(4.6)の7 チクチャン8 サックの日にトゥバル（?）が，さらに4 ヶ月後(4.9)1の5 イシュ17 ムアンにビタイ（?）が焼かれた（puluy/tokoy?）．

この石碑に記されている日付を表にすると以下のようになります.

9. 12. 15. 13. 7　　　　9マニック　0カヤップ　　(西暦688年1月1日)

+　　5. 8. 12

9. 13. 1. 3. 19　　　　5カワック　2シュル　　(西暦693年5月26日)

+　　　　1　0

9. 13. 1. 4. 19　　　　12カワック　2ヤシュキン　(西暦693年6月15日)

+　　　　4　6

9. 13. 1. 9. 5　　　　7チクチャン　8サック　　(西暦693年9月9日)

+　　　　4. 9

9. 13. 1. 13. 14　　　5イシュ　　17ムアン　　(西暦693年12月7日)

+　　1. 2. 16

9. 13. 2. 16. 10　　　5オック　　8クムク　　(西暦695年1月27日)

114

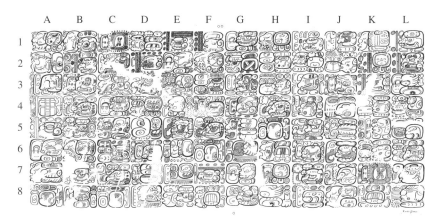

Merle Greene Robertson
1991 The Sculpture of Palenque (Volume IV) より
(Princeton University Press, Princeton, New Jersey)

　マヤ地域の西部にあるパレンケは他の遺跡と様相をかなり異にしています．パカ
ル大王が618年に生まれ，683年に死亡して，「碑文の神殿」の下に埋葬されました．
パカル王とその子のカン・バラムの時代が最盛期です．

　「96文字碑文」は，パレンケ最後の碑文です．陰刻文字はマヤ文字の中でもっとも
美しい文字といえます．この碑文の主人公はクック王です．パカル大王に言及し，
ホック，チャークの即位をしるしたあと，自分の即位と，父母に言及しています．

　ここでは3，4行目の中ほどから後半の部分を取り上げてみましょう．

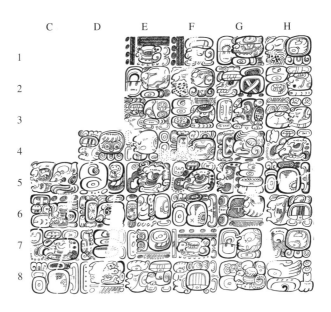

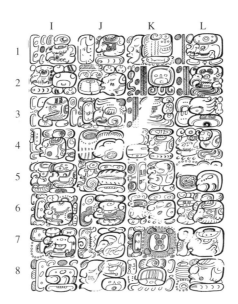

	I	J	K	L

I 1　1カトゥン
J 1　アハウの位に ta ahaule
I 2　骨・守護動物 bakle way ?
J 2　球技者 ah pitzlawa ?
I 3　木の王 yahau te ?
J 3　クック王
I 4　カトゥンアハウ
J 4　バカブ bakab
I 5〜J 5　父親
I 6〜J 6　チャーク王
I 7　パレンケの紋章文字
J 7〜I 8　母親
J 8〜K 1　母親の名
L 1　7日

K 2　13アハウ
L 2　13ムアン
K 3　13トゥン
L 3　完了
K 4　1カトゥン，王座にあって
L 4　貴重な石を削る yuxul k'an tun?
K 5　？
L 5　？
K 6　？
L 6　5カトゥンアハウ
K 7　パカル王
L 7　死んだ hay kimil?
K 8　カトゥン
L 8　王座にあって ta ahaule

【試訳】

　5ラマット6シュルの日に，ホック王が即位した．19年あまり(19.15.14)のちの9イック5カヤッブの日にチャーク王が即位した．

　44年あまり(2.2.14.5)のちの9マニック15ウォの日に，クック王が即位した．即位から1カトゥン後の祝いを執り行なった．父はチャーク王であり，母はサラフという．7日前の13アハウ13ムアンは13トゥンの終わり（この日がこの石版の奉納日）である．

この石碑に記されている日付を表にすると以下のようになります.

9. 12. 10. 6. 8	5 ラマット　6 シュル	(西暦 702.　6/1)
+ 　　19. 15. 14		
9. 14. 10. 4. 2	9 イック　　5 カヤップ	(西暦 722 年 1 月 1 日)
+ 　2. 2. 14. 5		
9. 16. 13. 0. 7	9 マニック　15 ウォ	(西暦 764 年 3 月 6 日)
+ 　1. 0. 0. 0		
9. 17. 13. 0. 7	7 マニック　0 パシュ	(西暦 783 年 11 月 22 日)
- 　　　　　7		
9. 17. 13. 0. 0	13 アハウ　　13 ムアン	(西暦 783 年 11 月 15 日)

6　ドレスデン絵文書

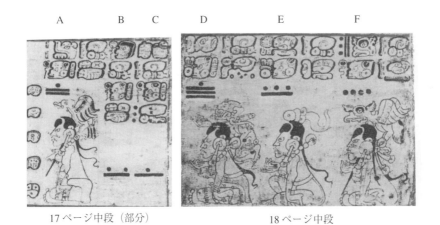

A　　　　B　　C　　　　D　　　　E　　　　　F

17 ページ中段（部分）　　　　　　18 ページ中段

　ドイツのドレスデンにあるため『ドレスデン絵文書』とよばれている絵文書の内容は，260 日暦に基づく占いが中心ですが，そのほか，金星暦や月齢の計算，新年の儀式などが扱かわれています．

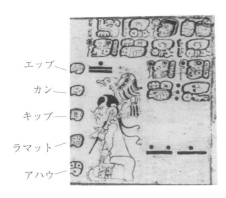

エップ

カン

キッブ

ラマット

アハウ

　『ドレスデン絵文書』17 ～ 18 ページの中段は 260 日暦に基づく占いです．17 ページ左端に 260 日暦のエップ，カン，キッブ，ラマット，アハウの 260 日暦の 5 つの日

119

があります．その横の女性の肩に鳥がとまっている絵があり，その上に点と棒による数字（11）と4つの文字があります．その右となりは絵が省略され，7と6の数字とそれぞれ縦一列に4つの文字が並べられています．18ページは左から，絵の上に16，8，4の数字とそれぞれ4つの文字があります．

　点と棒の数字を足すと52であり，それを5回繰り返すと260となり，260日暦ができます．

A	B	C	D	E	F
エッブ	アクバル	オック	キッブ	エッブ	アハウ
カン	メン	イック	ラマット	カン	エッブ
キッブ	マニック	イシュ	アハウ	キッブ	カン
ラマット	カワック	キミ	エッブ	ラマット	キッブ
アハウ	チュエン	エツナッブ	カン	アハウ	ラマット

　Aの欄のテキストはエッブ，カン，キッブ，ラマット，アハウの日に関する占いであり，次のBの欄は，アクバル，メン，マニック，カワック，チュエンの日に関するテキストとなります．

　A〜Fの文字テキストにでてくる最初の文字は，女性の肩にとまっているものを表わします．それぞれケツァル鳥，猿，犬，死神，イツァムナ神，ムアン鳥を表わす文字です．2番目の文字はu-mut(-il)「その知らせ」と読みます．3番目はこの場面の主人公の女性（月の女神）を表わす文字です．月の女神の知らせがケツァル鳥, 猿, 犬などという意味となり，最後の文字はこの日の吉凶を示す文字です．

7 土器

　彩色土器の壁面には，宮殿場面や狩りや球技の場面など，古代マヤ人の生活や儀式を知ることができる美しい絵が描かれています．土器には文字や場面を彫ったり，型どりをしたものもあります．そうした土器の口縁部に帯状に場面と関係ない定型句が書かれていることがしばしばです．そのほかにも文字があらわれますが，場面の登場人物の名前や守護動物の名前などを表わしています．また歴史的な事実を書いたものもあり，土器の文字は変化に富んでいますが，口縁部に現われる共通する定型句をとりあげてみましょう．

　定型句ですので，決まりきった文字が書かれます．最初の文字を導入文字といいます．この土器でいえばはっきり見えている一番左端の文字がそれにあたります．

この土器に書かれた文字を以下に記してみます（一周していますので，写真からはわからない部分もあります）．

A

　そのほか，現在日本にある土器の例を２つ選び，下にその文字列を記してみます．それぞれに違いがありますが，よく似た文字列であることがわかるでしょう．

B

C

　A,B,Cどれも定型句ですので，決まりきった文字が書かれます．それぞれ最初の文字が導入文字です（A 1, B 1, C 1）．それに続いてN神または階段文字といっている文字が生起します（C 2）．そのあと，書いたか彫ったかということを表わす文字があり（A 2-9, B 2-3, C 3-4．これらは３つとも「書いたもの」と示されています），その次には土器が壺なのか皿なのか（A 10-12, B 6, C 5．この３つとも「壺」と示されています），チョコレートを入れるのかトウモロコシ粥を入れるのかといった中身を

示す文字があります（C6. このC6は「トウモロコシ粥」と記されています）. その
ほか，土器の所有者などが記されることがあります.

　しかし細かくみていくと，かなり問題があります. たとえば，最初の文字は，aと
yaという接字の存在からayan「存在する」と読まれていますが，まだ確定していま
せん. 2番目の文字は，pay / hoy / t'ab などの読みが与えられていますが，このどれ
かか，それともちがうのか確かでありません.
　また，B2やC3に記されているtz'ibは「書くこと」を意味しますが，その接尾辞
としての-nahがB3やC4のように一文字扱いにされるのも合点がいきません. とい
うのも，-nahは自動詞扱いにされる場合の完全相（過去）の接尾辞（逆受動接尾辞）
です. これはユカテコ語群特有のもので，不完全相（現在）ではu tz'ib「彼は書く」，
完全相（過去）ではtz'ibnah-ø「彼は書いた」となります. だから2つを合わせたよ
うなu tz'ibnah という形は言語の面から支持できません.
　このように，いっけん読まれているように思えるのですが，これまでの解読は，言
語学的な裏付けに乏しいものです.

【コラム】マヤ語の文法について

　マヤ語は能格言語と呼ばれています．自動詞の主語は他動詞の目的語と同じ形で表わされます．そして他動詞の主語は所有を表わす形が使われます．そのため「私はそれを書いた」と「私は書いた」とは区別され，前者は他動詞，後者は自動詞（逆受動）扱いとなります．

　　t-in tz'iib'-t-ah-ø le hu'uno'　私は(-in)はその手紙(le hu'uno')を書いた．

　　tz'iib'-nah-en　　　　　　　　私は(-en)書いた．　　　　　　　　［ユカテコ語］

　また，「フアンの頭の毛」という修飾句は，日本語では修飾する方に「～の」がつくのに対し，マヤ諸語では修飾される方に「その/彼の」というマークuがつきます．後ろから前にかかり，「その/彼の」は修飾者と呼応します．

　　u tzutzer u jor e Xwan　　　フアンの頭の毛　　　［チョルティ語］

　　u tzo'otzel u pol Wan　　　フアンの頭の毛　　　［ユカテコ語］

　同じように動詞文でも，日本語では，主語や目的語に「が」や「を」がついて，動詞には何もつかないのに対し，マヤ諸語では，動詞の方に主語や目的語にあたる人称接辞(u, ø)がついて，名詞の主語や目的語には何もつかず，日本語とは逆の関係になります．他動詞の構文は，主語人称―他動詞―相―目的語人称となります．

　　e Xwan u-mak-i-ø e k'ek'erar　フアンはその戸を閉めた．　　　　［チョルティ語］

　自動詞は，不完全相（動作が続いている）では主語―自動詞，完全相（動作が終わっている）では自動詞―主語という形をとります．自動詞では形が相によって別になり，不完全相では，他動詞の主語と同じ形が，完全相では，他動詞の目的語と同じ形が使われ，分裂するところから分裂能格といいます．

　　k-in-hook'ol　　　私は出る

　　hook'-en　　　　　私は出た　　　［ユカテコ語］

　ちなみに高地マヤ諸語の多くは，時相詞―主語―自動詞という形になり，分裂しません．

さらに勉強をしようとする方のために

　マヤ文字に関する入門的な本はこの10年あまりの間に充実してきました．その代表的なものをいくつかあげましょう．

Coe, Michael D.

　1992 *Breaking the Maya Code*. London: Thames and Hudson.

　(『マヤ文字解読』竹井摩利・徳江佐和子訳，2003，創元社)

Coe, Michael D. and Mark van Stone

　2001 *Reading the Maya Glyphs*. London: Thames and Hudson.

Harris, John F. and Stephen K. Stearns

　1997 *Understanding Maya Inscriptions: A Hieroglyph Handbook*. (2nd revised edition).

　Philadelphia: University of Pennsylvania.

Jones, Tom and Carolyn Jones

　1994 *HSU Maya Hieroglyphic Workshops*. Arcata, CA: U Mut Maya.

Martin, Simon and Nikolai Grube

　2000 *Chronicle of the Maya Kings and Queens*. London: Thames and Hudson.

　(『古代マヤ王歴代誌』長谷川悦夫・徳江佐和子・野口雅樹訳，2002，創元社)

Montgomery, John

　2002 *How to read Maya Hieroglyphs*. New York: Hippocrene Books.

八杉佳穂

　2003 『マヤ文字を解く』中央公論新社．

八杉佳穂編

　2004 『マヤ学を学ぶ人のために』世界思想社．

著者紹介
八杉　佳穂（やすぎ　よしほ）
1950 年，広島県に生まれる．72 年，京都大学工学部卒業．75 年，
京都大学文学部卒業．マヤ文明研究に言語学，文字学から取り組む．
国立民族学博物館名誉教授．文学博士．
主要著書
『マヤ興亡』（ベネッセコーポレーション）
『マヤ文字を解く』（中公文庫）
『チョコレートの文化誌』（世界思想社）など

本書は 2005 年，2018 年に小社より刊行された．

マヤ文字を書いてみよう読んでみよう ［新装版］

2024 年 6 月 25 日　印刷
2024 年 7 月 20 日　発行

著　者 © 八　杉　佳　穂
発行者　　岩　堀　雅　己
印刷所　　壮栄企画株式会社

発行所
101-0052 東京都千代田区神田小川町 3 の 24
電話 03-3291-7811（営業部），7821（編集部）
www.hakusuisha.co.jp
株式会社　白水社
乱丁・落丁本は送料小社負担にてお取り替えいたします．

振替 00190-5-33228　　　Printed in Japan　　　加瀬製本

ISBN 978-4-560-09979-7

楔形文字を書いてみよう読んでみよう（新装版）

古代メソポタミアへの招待

池田 潤 著

楔形文字には漢字と同じしくみがあります。表音文字でもあり、表意文字でもあるのです。現存する最古の文字のかたちとしくみに触れながら、ギルガメシュ叙事詩、ハンムラビ法典、最古の世界地図を記した文字で、名前を書いてみませんか。

ヒエログリフを書いてみよう読んでみよう（新装版）

古代エジプト文字への招待

松本 弥 著

アルファベットの要素をもつ古代エジプト語の文字、ヒエログリフ。古代エジプトの文化に触れるうえで文字の学習は欠かせません。本書はその書き方や特徴を楽しく解説した入門書です。